VEGAN

TUT GUT – SCHMECKT GUT!

Jérôme Eckmeier

VEGAN

TUT GUT – SCHMECKT GUT!

Mit Fotografien von Brigitte Sporrer

Herausgegeben vom
Vegetarierbund
Deutschland

DK

INHALT

VORWORT

»Mann, wie lecker! Und das ist vegan?« So reagieren viele, die Jérôme Eckmeiers Kreationen auf den VEBU-Veranstaltungen probieren. Und probieren wollen alle: Vegane Küche ist längst kein Nischenthema mehr und vor den Kochshowbühnen drängeln sich die Leute.

Der Hype hat einen ernsten Hintergrund: Die Deutschen essen viel mehr Fleisch, Milchprodukte und Eier, als ihnen gut tut – auf Kosten der Tiere und mit dramatischen Folgen für Klima und Umwelt. Daran wollen immer mehr Menschen etwas ändern. Andererseits steht zwischen Wissen und Umsetzung bekanntlich der innere Schweinehund und hartnäckig hält sich das Vorurteil, dass vegane Küche und Genuss nicht zusammenpassen.

Dabei hat vegane Küche gar nichts mit Verzicht zu tun: Ob deftige Hausmannskost oder Feinschmeckermenüs – alles geht auch vegan. Das vermittelt Jérôme Eckmeier in seinen Shows und Kursen und die Zuschauer staunen, wie einfach es ist, komplett »ohne Tier« auszukommen. Selbst Männer, die ja erfahrungsgemäß nur schwer vom Fleisch zu trennen sind, lassen sich überzeugen. Und viele Zuschauer können es kaum erwarten, seine Kreationen zu Hause nachzukochen.

Gemeinsam mit dem VEBU hat Jérôme Eckmeier auf vielfachen Wunsch die beliebtesten Rezepte aus seinen Shows und Schulungen zusammengestellt und um weitere tolle Ideen für alle Gelegenheiten ergänzt. Egal, ob Sie strikt vegan leben, es ausprobieren möchten oder einfach ab und zu tierfreundlich genießen wollen – hier werden Sie fündig. Und satt werden Sie außerdem. Versprochen.

Alles Wissenswerte rund um das vegane Leben finden Sie in unserem Veggie-Portal **www.vebu.de**. Hier können Sie auch unseren kostenlosen Infoservice abonnieren, der Sie regelmäßig mit neuen veganen Rezeptideen versorgt. In diesem Sinne: Genießen Sie Jérôme Eckmeiers Rezepte und das Leben.

Sebastian Zösch
Geschäftsführer Vegetarierbund Deutschland

DIE TOP TEN DER VEGGIE-COMMUNITY

Vegane Küche ist »in«. Kein Wunder, denn die Gerichte sind köstlich und gesund. Angefangen bei veganisierten Hauptgängen wie dem Rheinischen Sauerbraten mit Klößen (s. S. 142) bis zu Low-Carb-Snacks wie dem Feldsalat mit krossen Räuchertofustreifen (s. S. 125) lässt die vegane Küche keine Wünsche offen.

In einer Umfrage haben Jérôme Eckmeier und der VEBU die aktuellen 10 Lieblingsgerichte aus der Vielzahl seiner Rezepte ermittelt:

JÉRÔME ECKMEIER: MEINE VEGANE KÜCHE

Vergessen Sie alles, was Sie bisher über vegane Küche gehört haben: In diesem Buch geht es in erster Linie um die Leidenschaft für gutes Essen. Klar gibt es viele wichtige Gründe, in der Küche auf Fleisch, Eier und Milchprodukte zu verzichten. Vegane Küche ist jedoch keine Nische für Exzentriker und Gutmenschen, die aus weltanschaulichen Gründen auf Genuss verzichten. Auch Veganer wollen in erster Linie gut essen und meine Rezepte sollen beweisen, dass rein pflanzliche Küche mit kulinarischem Verzicht nichts zu tun tat. Ganz nebenbei profitieren Mensch, Tier und Umwelt.

Meinem Naturell entsprechend koche ich: bodenständig und ehrlich. Ich liebe den direkten Kontakt zum Publikum und viele Ideen entstehen in meinen Kochshows - immer nah an den Menschen. Für alle Fragen und Wünsche möchte ich überraschend einfache Lösungen liefern: Mit originellen Rezepten, die leicht nachzukochen sind, alltagstauglich und – ganz wichtig – ohne »Angeber-Zutaten« auskommen. Alles gibt es im Supermarkt oder Bioladen. Denn seien wir ehrlich, wer einen halben Tag einkaufen muss, verliert die Lust am Kochen.

Flink etwas zaubern, wenn draußen das Chaos tobt; lecker essen, wenn Kühlschrank oder Kasse leer sind; eine hungrige Meute füttern – das geht auch rein pflanzlich und keiner vermisst etwas.

Echte Kerle können sich sogar am Grill austoben und für die Kleinen gibt es meine Kiddy-Tipps. Die sind garantiert praxiserprobt: Dank meiner fünf Kinder weiß ich, wie man die Mini-Gourmets für gutes Essen gewinnt.

Wer gern kocht, möchte natürlich ab und zu mal richtig Gas geben. Auch dafür finden sich in meinem Repertoire Rezeptideen: So lassen sich wunderbare Menüs zusammenstellen, mit denen Sie Ihre Gäste verwöhnen und – wenn Sie wollen – beeindrucken können.

VEGAN FÜR KINDER

Kinder haben eine natürliche Beziehung zu Tieren und sind für eine vegane Ernährung leicht zu begeistern. Binden Sie Ihre Kinder in die Zubereitung veganer Speisen ein. Eine selbst belegte Pizza mit Gemüse und Veggie-Salami schmeckt noch mal so gut und eignet sich auch bestens für Kindergeburtstage. Fastfood-Alternativen wie vegane Burger, Süßkartoffelchips, süße Pommes mit Himbeerketchup und selbst gemachtes Bananen-Spaghetti-Eis garantieren eine ausgewogene Nährstoffzufuhr. Hier eine Auswahl von Rezepten, die Kindern besonders gut schmecken:

Sorgen Sie unbedingt für die ausreichende Aufnahme von Eiweiß, Calcium, Eisen, Jod, Zink und Vitamin B12, die der Körper in der Wachstumsphase benötigt. Denn vegane Ernährung für Kinder ist im Gegensatz zur lakto-ovo-vegetarischen umstritten. Viele Schulmediziner und auch die Deutsche Gesellschaft für Ernährung sprechen sich dagegen aus, während die PETA und vegane Gesellschaften kein Risiko in einer veganen Ernährung für Kinder, Schwangere und Stillende sehen (Pro und Kontra: www.vegan.ch/vegan-leben/vegane-kinderernaehrung/). Wenn Sie unsicher sind, ob Sie eine ausgewogene Ernährung Ihres Kindes sicherstellen können, wenden Sie sich an Ihren Kinderarzt oder einen Ernährungsberater.

VEGAN TO GO

SCHNELL GEMACHT: WRAPS IM HANDUMDREHEN, SALATE UND SANDWICHES IN MINUTEN – MIT BLITZREZEPTEN GANZ ENTSPANNT VEGAN!

BRUSCHETTA MIT AVOCADO, ORANGE UND OLIVEN

Zum Einstieg ein fruchtig-frisches Bruschetta-Rezept – schließlich steht Veganern auch die ganze Bandbreite vegetarischer Gerichte zur Auswahl.

Für 4 Personen

2	reife Avocados
2	Bio-Orangen
2	Knoblauchzehen
5 Stängel	Basilikum
1 EL	frisch gepresster Zitronensaft
1 Prise	Zucker
	Salz, frisch gemahlener weißer Pfeffer
8–10	schwarze Oliven ohne Stein
4 EL	Olivenöl
8 Scheiben	Ciabatta

Zubereitung: 15 Minuten

1 Die Avocados längs halbieren und den Kern entfernen. Mit einem Messer vorsichtig die Schale abziehen oder aber – falls die Schale zu hart ist – das Fruchtfleisch mit einem Löffel vorsichtig aus der Schale lösen. Das Avocadofruchtfleisch in mundgerechte Stücke schneiden.

2 Die beiden Orangen filetieren. Dazu die Frucht so schälen, dass die weiße Haut vollständig entfernt wird. Anschließend die Orangenfilets mit einem scharfen Messer aus den Trennhäuten herausschneiden und ebenfalls in mundgerechte Stücke teilen.

3 Den Knoblauch schälen, die Basilikumblätter von den Stängeln zupfen und fein hacken. Das gehackte Basilikum mit den Avocadostücken und den Orangenfilets vorsichtig mischen. 1 Knoblauchzehe druchpressen und mit dem Zitronensaft, Zucker, Salz und Pfeffer abschmecken. Die Oliven in kleine Stücke schneiden.

4 In einer Pfanne das Olivenöl erhitzen, die zweite Knoblauchzehe mit der flachen Messerseite andrücken und dazugeben. Die Brotscheiben im heißen Öl von beiden Seiten goldgelb braten. Herausheben und auf Küchenpapier abtropfen lassen.

5 Die Brotscheiben auf einer großen Platte oder kleinen Portionstellern anrichten und mit der Avocado-Orangen-Mischung belegen. Mit Olivenstücken und gehacktem Basilikum garniert servieren.

WRAPS MIT QUINOAFÜLLUNG

Für 4 Personen

Für die Wraps

150 g	Quinoa
450 ml	Gemüsebrühe
1	mittelgroße Zwiebel
1	Knoblauchzehe
1 Stück	Ingwerwurzel (20 g)
1	grüne Paprikaschote, Stielansatz, Samen und Scheidewände entfernt
150 g	Kirschtomaten
100 g	geräucherter Tofu
2 EL	Olivenöl
	Salz, frisch gemahlener schwarzer Pfeffer
4	Tortilla-Wraps

Für das Dressing

4 TL	Harissa
3 EL	Olivenöl
	frisch gepresster Saft von 1 Zitrone

Zubereitung: 25 Minuten

1 Für die Füllung die Quinoa mit heißem Wasser gründlich waschen, um die Bitterstoffe der äußeren Schichten zu entfernen. In einem Topf die Körner mit der Gemüsebrühe aufkochen und bei mittlerer Hitze 15–20 Minuten köcheln lassen. Vom Herd nehmen und zugedeckt 5 Minuten ausquellen lassen.

2 In der Zwischenzeit die Zwiebel, den Knoblauch und den Ingwer schälen. Alles fein hacken. Die Paprika und die Kirschtomaten in kleine Würfel schneiden. Den geräucherten Tofu mit Küchenpapier trocken tupfen und in kleine Stücke schneiden. In einer Pfanne das Olivenöl erhitzen und das Gemüse mit dem Tofu darin andünsten. Die Mischung mit Salz und Pfeffer würzen.

3 Für das Dressing in einer großen Schüssel das Harissa mit dem Olivenöl und dem Zitronensaft glattrühren. Den ausgequollenen Quinoa mit einer Gabel auflockern und mit der Gemüse-Tofu-Mischung aus der Pfanne zum Dressing geben. Alles vorsichtig durchrühren und mit Salz und Pfeffer pikant abschmecken. Den Backofen auf 75 °C Umluft vorheizen.

4 Direkt vor dem Servieren die Wraps im heißen Ofen einige Minuten erwärmen, mit dem Quinoasalat belegen und jeden Fladen fest aufrollen. Die Wraps in der Mitte einmal durchschneiden und noch warm servieren.

BUNTE GEMÜSE-KURKUMA-PFANNKUCHEN

Die Pfannkuchen entweder sofort servieren oder in Frischhaltefolie eingewickelt bis zum Verzehr im Kühlschrank lagern – sie sind auch kalt als Snack fürs Büro ein Genuss.

Für 6 Personen

Für den Teig

250 g	Weizenmehl (Type 550)
3 EL	Speisestärke
½ Päckchen	Backpulver
375 ml	Mineralwasser (mit Kohlensäure)
1 Prise	Salz
3 EL	Sonnenblumenöl

Für das Gemüse

1	große Möhre
1	mittelgroße Zwiebel
5	Frühlingszwiebeln
1	große gelbe Zucchini
1–2	Knoblauchzehen
3 EL	Margarine
3 EL	Weizenmehl (Type 405)
30 ml	veganer Weißwein
250 ml	Gemüsebrühe
250 g	Hafersahne
3 TL	Hefeextrakt
1 EL	Zitronensaft
2 TL	Zucker
2 TL	gemahlene Kurkuma
	Salz, frisch gemahlener schwarzer Pfeffer
2 TL	Schnittlauchröllchen
2 TL	gehackte Petersilie

Zubereitung: 40 Minuten

1 Für die Pfannkuchen Mehl, Speisestärke, Backpulver, Mineralwasser und Salz in einer Schüssel gut vermischen und zu einem glatten Teig verarbeiten. Abgedeckt beiseitestellen.

2 Die Möhre und die Zwiebel schälen. Die Zwiebel halbieren und mit den Frühlingszwiebeln und der Zucchini in feine Scheiben schneiden. Den Knoblauch schälen und fein würfeln.

3 In einem Topf die Margarine erhitzen und die Gemüsestreifen darin anschwitzen. Den Knoblauch hinzufügen und kurz mitschwitzen. Mit dem Mehl bestäuben und unter Rühren farblos »weiterschwitzen«, aber nicht zu stark bräunen. Mit dem Weißwein ablöschen und mit der Gemüsebrühe sowie der Sahne auffüllen. Die Gemüsemischung mit dem Hefeextrakt, dem Zitronensaft, Zucker, Kurkuma, Salz und Pfeffer abschmecken. Die Kräuter hinzufügen und alles bei mittlerer Hitze 5 Minuten köcheln lassen.

4 Den Backofen auf 100 °C Umluft vorheizen. Eine beschichtete Pfanne erhitzen und mit Sonnenblumenöl auspinseln. Jeweils eine Kelle Pfannkuchenteig in die Mitte der Pfanne geben und die Pfanne etwas schwenken, damit sich der Teig gleichmäßig verteilt. Sobald die Ränder sichtbar fest geworden sind, den Pfannkuchen wenden und von der anderen Seite ebenfalls goldbraun backen. Die fertigen Pfannkuchen bis zum Verzehr auf einem Teller im heißen Backofen warm halten.

5 Jeden Pfannkuchen auf einer Hälfte mit einigen Esslöffeln Gemüse belegen und die andere Hälfte darüberklappen.

COUSCOUS TO GO MIT GEMÜSE

Der Couscous lässt sich wunderbar abends zubereiten und in Einmachgläser abgefüllt am nächsten Tag ins Büro mitnehmen.

Für 4 Personen

300 g	Couscous
300 ml	kochend heiße Gemüsebrühe
1	mittelgroße Zwiebel
1	Knoblauchzehe
1	rote Paprikaschote, Stielansatz, Samen und Scheidewände entfernt
100 g	Zuckerschoten
2 EL	Sonnenblumenöl
1 TL	Ras el-Hanout oder Harissa
2 EL	Olivenöl
	frisch gepresster Saft von 1 Limette
	Salz, frisch gemahlener schwarzer Pfeffer

PROFI-TIPP:

Ras el-Hanout ist eine nordafrikanische Würzmischung, die meist Zimt, Muskat, Kardamom, Kurkuma, Piment, Nelken, Chili und Pfeffer enthält – je nach Gewürzhändler.

Zubereitung: 25 Minuten

1 Den Couscous in einem Sieb mit fließendem kaltem Wasser gründlich abspülen, abtropfen lassen, in eine Schüssel umfüllen und mit der heißen Gemüsebrühe übergießen. Die Schüssel mit Frischhaltefolie abdecken und den Couscous etwa 10 Minuten quellen lassen.

2 In der Zwischenzeit die Zwiebel und den Knoblauch schälen und in feine Würfel, Paprika und Zuckerschoten in Stücke schneiden. In einer Pfanne das Sonnenblumenöl erhitzen und die Zwiebel- und Knoblauchwürfel darin bei mittlerer Hitze andünsten. Das Ras el-Hanout darüberstreuen, die Paprika- und Zuckerschotenstücke dazugeben, alles gut verrühren und weitere 2–3 Minuten dünsten.

3 Die Frischhaltefolie von der Schüssel entfernen, den Couscous mit dem Olivenöl beträufeln und mit einer Gabel auflockern. Den Couscous zum Gemüse in die Pfanne geben, sorgfältig untermischen und mit dem Limettensaft, Salz und Pfeffer abschmecken.

VEGAN

VEGAN TUNA-SANDWICH

Für 4 Personen

1 Dose	Kichererbsen (Abtropfgewicht 250 g)
100 g	Mayonnaise (Grundrezept s. S. 182)
1	kleine Zwiebel
½ kl. Glas	Artischockenherzen (Abtropfgewicht 90 g)
1–2 EL	Hefeflocken
½–1 TL	Braunalgenpulver
1–2 EL	Sojasauce
	Salz, frisch gemahlener schwarzer Pfeffer
8 Scheiben	Vollkorntoast
1	mittelgroße Zwiebel
2	Tomaten
4	Gewürzgurken
8 Blätter	Kopfsalat

100% PFLANZLICH

Braunalgenpulver ist in Asia-Läden erhältlich oder über spezialisierte Anbieter veganer Produkte (siehe Einkaufstipps).

Zubereitung: 15 Minuten

1 Die abgetropften Kichererbsen mit einer Gabel zerdrücken und mit der Mayonnaise verrühren. Die Zwiebel schälen und in feine Würfel schneiden. Die Artischockenherzen in kleine Stücke schneiden und mit den Zwiebelwürfeln sorgfältig unter das Kichererbsenpüree mischen. Die Masse mit den Hefeflocken, dem Braunalgenpulver, der Sojasauce sowie Salz und Pfeffer pikant abschmecken.

2 Das Vollkornbrot toasten. In der Zwischenzeit die Zwiebel schälen und in feine Ringe schneiden. Die Tomaten halbieren, die Stielansätze entfernen und die Hälften mit den Gewürzgurken in dünne Scheiben schneiden.

3 Den Vollkorntoast mit der veganen Tunapaste bestreichen. 4 Scheiben mit Zwiebeln, Tomaten, Gewürzgurken und Salatblättern belegen, mit einer zweiten Toastscheibe bedecken und servieren.

CAESAR SALAD

Die Brunnenkresse erinnert mit ihrem frischen, leicht scharfen Geschmack an ihren Verwandten, die Gartenkresse, hat allerdings größere Blätter.

Für 4 Personen

Für das Dressing

1	mittelgroße Zwiebel
1	Knoblauchzehe
4 TL	gehackte Kichererbsen (aus der Dose)
2 TL	fein gehackte Kapern
½ TL	Dijon-Senf
2 EL	Weißweinessig
2 EL	frisch gepresster Zitronensaft
1 TL	Worcestersauce
1 Prise	Zucker
	Salz, frisch gemahlener schwarzer Pfeffer
120 ml	Olivenöl

Für den Salat

1 Kopf	Romana- oder Eisbergsalat
100 g	geräucherter Tofu
2 EL	Sonnenblumenöl
50 g	Nuss-Reibekäse (siehe Grundrezept S. 184) oder Hefeflocken
50 g	Brunnenkresse

Für die Croûtons

1	Knoblauchzehe
100 g	Weißbrot
3 EL	Margarine
1 EL	gehackte Petersilie
1 EL	Schnittlauchröllchen

Zubereitung: 20 Minuten

1 Für das Dressing die Zwiebel und den Knoblauch schälen und in feine Würfel schneiden. In einer Schüssel die gehackten Kichererbsen, die Kapern, den Senf, den Weißweinessig, den Zitronensaft, die Worcestersauce und den Zucker gründlich vermischen. Mit Salz und Pfeffer herzhaft abschmecken. Unter kräftigem Rühren mit dem Schneebesen das Öl tropfenweise hineinlaufen lassen, bis die Konsistenz sämig wird.

2 Den Salat in mundgerechte Stücke zupfen. Den Tofu mit Küchenpapier trocken tupfen und in Würfel schneiden. In einer Pfanne das Sonnenblumenöl erhitzen und die Tofuwürfel darin von allen Seiten knusprig anbraten.

3 Für die Croûtons den Knoblauch schälen. Die Brotscheiben in etwa 1 cm große Würfel schneiden. In einer beschichteten Pfanne die Margarine zerlassen, die Brotwürfel dazugeben, mit Salz und Pfeffer würzen und bei mittlerer Hitze unter häufigem Wenden rundherum knusprig anrösten. Kurz bevor sie fertig sind, die Petersilie und den Schnittlauch hinzugeben.

4 Den Salat und den gebratenen Tofu mit der Sauce vermischen und auf Teller verteilen. Mit den Kräutercroûtons und dem Nuss-Reibekäse oder den Hefeflocken bestreuen und mit etwas Brunnenkresse garniert servieren.

100% PFLANZLICH

Brunnenkresse ist ein guter Vitamin-C-Lieferant und hat zudem eine entschlackende Wirkung.

SCHARFER GEMÜSE-REIS-SALAT

Dieser frische Sommersalat ist warm und kalt ein Genuss.

Für 4 Personen

Für den Salat

300 g Basmatireis
Salz
2 gelbe Paprikaschoten, Stielansatz, Samen und Scheidewände entfernt
1 rote Chilischote, längs halbiert und entkernt
3 Tomaten
½ Zucchini
3 Frühlingszwiebeln
2 EL Sonnenblumenöl

Für das Dressing

1 Knoblauchzehe
2 EL Olivenöl
1 EL Weißweinessig
2 EL fein gehackte Basilikumblätter + einige Blätter zum Garnieren
½ TL Salz
½ TL frisch gemahlener schwarzer Pfeffer
frisch gepresster Saft von ½ Zitrone

Zubereitung: 25 Minuten

1 Für den Salat den Reis in gesalzenem Wasser nach Packungsanweisung gar kochen. In der Zwischenzeit die Paprika und die Chilischote in feine Streifen schneiden. Die Tomaten vom Stielansatz befreien und achteln. Die Zucchini in dünne Scheiben schneiden. Die Frühlingszwiebeln – nur den weißen Teil – in feine Ringe schneiden.

2 In einer Pfanne das Sonnenblumenöl erhitzen und das Gemüse darin andünsten. Den Reis in der Pfanne mit dem Gemüse vermischen. Für das Dressing den Knoblauch schälen, in sehr feine Würfel schneiden und mit den übrigen Dressingzutaten gründlich verrühren.

3 Den Gemüse-Reis-Salat mit dem Dressing abschmecken, auf Schüsselchen oder Teller verteilen, mit einigen Basilikumblättchen garnieren und servieren.

100% PFLANZLICH

Wein ist zwar vergorener Traubensaft, aber nicht immer vegan. Der Most kann mithilfe tierischer Zusatzstoffe – beispielsweise durch Gelatine oder Fischbestandteile – geklärt worden sein. Manche Winzer haben sich schon auf die wachsende Nachfrage nach veganen Weinen eingestellt (siehe Einkaufstipps).

PIZZATASCHEN »DE LUXE«

Beim Backen im Ofen sollte man die Teigtaschen gut im Auge behalten, weil sie blitzschnell bräunen und leider auch schnell verkohlen.

Ergibt 20 Stück

1 Packung	veganer TK-Blätterteig (10 Platten)
1	mittelgroße Zwiebel
1	Knoblauchzehe
1	gelbe Paprikaschote, Stielansatz, Samen und Scheidewände entfernt
100 g	Oliven mit Paprikafüllung, halbiert
2 EL	Kapern
2 EL	Olivenöl
4 EL	Tomatenmark
40 ml	veganer trockener Rotwein
1 Dose	gehackte Tomaten (400 g)
1 EL	getrockneter Oregano
	Salz, frisch gemahlener schwarzer Pfeffer
1 EL	Trüffelöl
1–2 EL	Hafersahne zum Bestreichen
je 1 EL	weiße und schwarze Sesamsamen zum Bestreuen

Zubereitung: 30 Minuten

1 Den Backofen auf 200 °C Umluft vorheizen. Ein Backblech mit Backpapier auslegen, die Blätterteigplatten darauf nebeneinander ausbreiten und etwas antauen lassen. In der Zwischenzeit die Zwiebel und den Knoblauch schälen und in feine Würfel schneiden. Die Paprika ebenfalls fein würfeln. Die Oliven halbieren.

2 In einer Pfanne das Olivenöl erhitzen und die Zwiebeln mit der Paprika, den Oliven und den Kapern darin andünsten. Den Knoblauch hinzufügen und kurz mitdünsten. Das Tomatenmark untermischen und kurz anrösten. Mit dem Rotwein ablöschen und alles aufkochen lassen. Die gehackten Tomaten und den Oregano dazugeben und alles bei niedriger Hitze etwa 5 Minuten köcheln lassen. Mit Salz und Pfeffer kräftig abschmecken.

3 Währenddessen die angetauten Blätterteigplatten quer halbieren und zu 20 gleich großen Vierecken (etwa 10 x 10 cm) ausrollen. Das Trüffelöl in die Tomatensauce rühren und auf 6 Blätterteigtaschen mittig jeweils 1–2 EL Sauce geben. Die Teigquadrate jeweils Spitze auf Spitze zu Dreiecken zusammenklappen und die Ränder mit den Zinken einer Gabel vorsichtig andrücken.

4 Die Teigoberseite mit etwas Hafersahne bestreichen, mit den Sesamsamen bestreuen und die Taschen im heißen Ofen auf mittlerer Schiene etwa 15 Minuten backen, bis der Blätterteig goldbraun ist. Die Blätterteigtaschen schmecken als Snack oder Vorspeise warm oder kalt gleichermaßen köstlich.

PROFI-TIPP:

Ein Spiralschneider eignet sich zum Schneiden hervorragend. Die Anschaffung lohnt sich auch für Gurken- und andere Gemüsespaghetti.

SALAT VON MÖHREN-APFEL-NUDELN MIT KNUSPRIGEM SESAMTOFU

Für 4–6 Personen

Für das Dressing

1 kl. Stück (20 g)	Ingwerwurzel
3 EL	Apfelessig
2 TL	brauner Rohrohrzucker
1 TL	Wasabipaste
1 EL	geröstetes Sesamöl
6 EL	Rapsöl
½ TL	Fünf-Gewürze-Pulver
	Salz, frisch gemahlener schwarzer Pfeffer

Für den Sesamtofu

200 g	Tofu (natur)
100 ml	Sojasauce
1 EL	Ahornsirup
2 EL	Sesamöl

Für den Salat

1–2 EL	helle Sesamsamen
500 g	Möhren
3	säuerliche Äpfel
4 EL	Zitronensaft
2 EL	frisch gehackter Koriander (nach Belieben)

Zubereitung: 30 Minuten

1 Für das Dressing den Ingwer schälen und sehr fein reiben. Den Apfelessig mit dem geriebenen Ingwer, dem Rohrohrzucker, der Wasabipaste, dem Sesam- und dem Rapsöl sowie 2 EL Wasser verquirlen, mit Fünf-Gewürze-Pulver, Salz und Pfeffer würzen und beiseitestellen.

2 Den Tofu mit Küchenpapier trocken tupfen und in Scheiben schneiden. Die Sojasauce mit dem Ahornsirup verrühren und den Tofu darin 15 Minuten marinieren. Nach der Hälfte der Zeit den Tofu wenden.

3 In der Zwischenzeit in einer beschichteten Pfanne ohne Fett den Sesam für den Salat goldbraun rösten, in eine kleine Schüssel umfüllen und abkühlen lassen. Die Möhren schälen. Von Möhren und Äpfeln mit einem Sparschäler rundherum lange Streifen abschälen, die wie Bandnudeln oder Spaghetti aussehen. In einer Schüssel die Möhren- und Apfelstreifen mischen, mit dem Zitronensaft beträufeln und beiseitestellen.

4 In einer beschichteten Pfanne das Sesamöl erhitzen und den abgetropften Tofu darin bei mittlerer Hitze rundherum anbraten. Die Stücke auf Küchenpapier abtropfen lassen.

5 Den Möhren-Apfel-Salat in einer Schüssel mit dem Dressing mischen und mit dem Tofu auf Tellern anrichten. Mit etwas Dressing beträufeln und mit Sesam und nach Belieben mit Koriander bestreut servieren.

KNUSPRIGE KRÄUTERRÖSTI MIT SOUR-CREAM-DIP

Für 4 Personen

Für die Rösti

- 600 g mehlig- oder vorwiegend festkochende Kartoffeln
- 1 mittelgroße Möhre
- 1 kl. Bund Petersilie
- 1 Zweig Rosmarin
- 1 Prise frisch geriebene Muskatnuss
- 1 TL Salz
- ½ TL frisch gemahlener schwarzer Pfeffer
- 3 EL Olivenöl

Für den Dip

- 200 g Seidentofu oder Sojajoghurt (natur)
- 2 EL Hafersahne
- 1 Knoblauchzehe
- 1 Stück (20 g) Ingwerwurzel
- 2 TL gehackter Dill
- 2 TL Schnittlauchröllchen
- frisch gepresster Saft von 1 Zitrone
- 1 Prise Zucker
- Salz, frisch gemahlener schwarzer Pfeffer

Zubereitung: 40 Minuten

1 Den Backofen auf 170 °C Umluft vorheizen. Für die Rösti die Kartoffeln und die Möhre schälen, grob raspeln und in einem Küchentuch sorgfältig ausdrücken. Von der Petersilie und dem Rosmarin die Blätter beziehungsweise Nadeln abzupfen und fein hacken. Die Kartoffel- und Möhrenraspel mit den gehackten Kräutern sorgfältig mischen und mit Muskatnuss, Salz und Pfeffer würzen.

2 In einer Pfanne das Olivenöl erhitzen und die Kartoffelmasse darin portionsweise von beiden Seiten jeweils 2 Minuten zu insgesamt 12 goldbraunen und knusprigen Rösti ausbacken. Auf Küchenpapier abtropfen lassen. Ein Backblech mit Backpapier auslegen, die entfetteten Rösti darauf nebeneinander ausbreiten und im heißen Ofen 10 Minuten backen.

3 Für den Dip den Seidentofu oder Sojajoghurt mit der Hafersahne glatt rühren. Knoblauch und Ingwer schälen und sehr fein hacken. Die Tofusahne mit dem Knoblauch, dem Ingwer, dem Dill, den Schnittlauchröllchen, dem Zitronensaft und dem Zucker verrühren und mit Salz und Pfeffer abschmecken.

4 Jeweils drei Rösti auf flachen Tellern anrichten und mit je einem Klecks Sour-Cream-Dip garniert servieren.

ASIATISCHE GEMÜSE-TOFU-PFANNE MIT KOKOSMILCH

Für 4 Personen

250 g	Tofu (natur)
2	Möhren
je 1	rote und gelbe Paprikaschote, Stielansatz, Samen und Scheidewände entfernt
1	Zucchini
200 g	Brokkoli
1 Stück	Ingwerwurzel (30 g)
1	rote Chilischote, Samen entfernt
1 Stängel	Zitronengras
1	mittelgroße Zwiebel
1	Knoblauchzehe
2 EL	Rapsöl
½ TL	gemahlene Kurkuma
1 EL	Rohrohrzucker
100 g	grüne Bohnen
100 g	Zuckerschoten
	frisch gepresster Saft von 1 Orange
200 ml	Kokosmilch
	Salz, frisch gemahlener schwarzer Pfeffer
1 Spritzer	Limettensaft

Zubereitung: 30 Minuten

1 Den Tofu mit Küchenpapier trocken tupfen und in mundgerechte Stücke schneiden. Die Möhren schälen und mit den Paprika in Streifen, die Zucchini in dünne Scheiben schneiden. Den Brokkoli in Röschen teilen. Den Ingwer schälen und mit der Chilischote und dem Zitronengras (nur den weißen Teil) fein hacken. Die Zwiebel und den Knoblauch schälen und in feine Würfel schneiden.

2 In einer großen beschichteten Pfanne das Öl erhitzen und den Tofu darin rundherum scharf anbraten. Zwiebeln, Ingwer, Zitronengras und Kurkuma dazugeben und bei etwas niedrigerer Hitze anschwitzen. Den Zucker einstreuen und leicht karamellisieren lassen. Bis auf die Zuckerschoten das Gemüse mit der Chilischote und dem Knoblauch hinzugeben und unter Rühren 2–3 Minuten braten.

3 Die Zuckerschoten hinzufügen, den Orangensaft mit der Kokosmilch angießen und alles ein wenig einkochen lassen, bis das Gemüse gar ist. Mit Salz und Pfeffer sowie Limettensaft abschmecken.

4 Die Gemüse-Tofu-Pfanne auf Teller verteilen und mit einer Portion Basmatireis servieren.

PENNE MIT SPARGEL UND PESTO ROSSO

Für 4 Personen

Für das Pesto rosso

50 g	Pinienkerne
2	Knoblauchzehen
250 g	getrocknete Tomaten in Öl, abgetropft
150 ml	Olivenöl
6 EL	Hefeflocken
1 TL	Agavendicksaft
1 TL	Steinsalz
½ TL	frisch gemahlener schwarzer Pfeffer
¼ TL	Cayennepfeffer

Für die Penne

250 g	weißer Spargel
250 g	grüner Spargel
500 g	Penne
4–5 EL	Olivenöl
2	Knoblauchzehen
1 Prise	Zucker
1 TL	Steinsalz
	frisch gemahlener schwarzer Pfeffer
250 g	Kirschtomaten
	Basilikumblätter zum Garnieren

Zubereitung: 30 Minuten

1 Für das Pesto in einer beschichteten Pfanne ohne Fett die Pinienkerne goldbraun anrösten. Dabei die Pfanne immer wieder schwenken. In eine Schüssel umfüllen und abkühlen lassen.

2 Den Knoblauch schälen und grob hacken. Die Tomaten in kleine Stücke schneiden und mit dem Knoblauch und den Pinienkernen in einem hohen Gefäß mit dem Stabmixer pürieren. Dabei nach und nach immer wieder etwas Olivenöl dazugeben, bis eine cremige Konsistenz entsteht. Das Pesto mit Hefeflocken, Agavendicksaft, Steinsalz, Pfeffer und Cayennepfeffer pikant abschmecken.

3 Den weißen Spargel schälen, den grünen Spargel nur an den unteren Enden, falls notwendig. Alle Spargelstangen je nach Dicke leicht schräg in Stücke von der Größe der Nudeln schneiden.

4 In einem großen Topf ausreichend Salzwasser aufkochen und die Nudeln darin nach Packungsanweisung al dente garen. Währenddessen den restlichen Knoblauch schälen und fein hacken. In einem weiten Topf (mit Deckel) das Olivenöl erhitzen und den Spargel darin bei mittlerer Hitze rundherum anbraten. Den Knoblauch hinzufügen und alles mit Zucker, Salz und Pfeffer würzen. Die Hitze reduzieren, den Deckel auflegen und den Spargel 5 Minuten dünsten, bis er weich ist, aber noch etwas Biss hat. Die Kirschtomaten dazugeben und mitgaren, bis die Nudeln fertig sind.

5 Nudeln und Pesto mischen. Nochmals abschmecken und mit Basilikumblättchen bestreut servieren.

WALDORFSALAT

Statt Zucker sorgen hier Reissirup und Datteln oder Feigen für eine ausgewogene Balance zur Säure, der Cayennepfeffer verleiht dem Salat Feuer.

Für 4 Personen

4	säuerliche Äpfel
1	Sellerieknolle
50 g	Walnusskerne
	frisch gepresster Saft von 1 Zitrone
4–5 EL	vegane Mayonnaise (s. S. 182)
1 TL	Reissirup
	Salz, frisch gemahlener schwarzer Pfeffer
1 Prise	Cayennepfeffer
50 g	Trockenobst (z. B. Datteln), entsteint und gehackt (nach Belieben)

Zubereitung: 20 Minuten + 2 Stunden Kühlzeit

1 Die Äpfel halbieren, entkernen und mit Schale in feine Stifte hobeln. Den Sellerie schälen und in ganz feine Streifen schneiden (alternativ die Äpfel und den Sellerie auf der Reibe grob raspeln). Die Walnusskerne grob hacken.

2 Die Apfel- und Selleriestifte sowie die gehackten Walnusskerne in einer Schüssel mit dem Zitronensaft beträufeln und mit gerade so viel Mayonnaise vermischen, dass der Salat eine Bindung bekommt. Mit Reissirup, Salz, Pfeffer und Cayennepfeffer abschmecken.

3 Wer es geschmacklich eher klassisch mag, deckt die Schüssel nun mit Frischhaltefolie ab und macht mit Schritt 4 weiter. Wer geschmacklich experimentieren möchte, hebt abschließend gehackte Trockenfrüchte unter und deckt die Schüssel erst dann mit Folie ab.

4 Den Salat vor dem Servieren im Kühlschrank mindestens 2 Stunden durchziehen lassen.

100% PFLANZLICH

Eine kostenlose App des Vegetarierbundes Deutschland (VEBU) ist im App-Store erhältlich und hilft Ihnen bei der Suche nach veganen Cafés und Restaurants.

SCHNELLE ERBSEN-GEMÜSE-SUPPE

Räuchertofu und vegane Würstchen bringen zusätzlich Würze in die Suppe. Es lohnt sich, verschiedene Sorten zu probieren – je nach zugefügten Gewürzen und Kräutern schmecken sie sehr unterschiedlich.

Für 6 Personen

3	große Möhren
1	mittelgroße Zwiebel
2 Stangen	Staudensellerie
100 g	geräucherter Tofu
1 EL	Margarine
500 g	mittelgroße Kartoffeln
750 g	TK-Erbsen
1,5 l	Gemüsebrühe
2	Lorbeerblätter
2 EL	gehackte Petersilie
1 TL	gehackter Majoran
1 TL	Steinsalz
½ TL	frisch gemahlener schwarzer Pfeffer
1 Spritzer	Zitronensaft

Außerdem

vegane Würstchen (nach Belieben)

100% PFLANZLICH

Studieren Sie beim Einkauf in nicht-veganen Shops die Zutatenlisten, um Inhaltsstoffe tierischen Ursprungs ausfindig zu machen. Nicht-vegane Zutaten verbergen sich auch hinter sog. E-Stoffen. Infos unter www.food-info.net/de/qa/qa-fi45.htm

Zubereitung: 35 Minuten

1 Die Möhren und die Zwiebel schälen. Beides mit den Selleriestangen in gleich große Würfel schneiden. Den Tofu mit Küchenpapier trocken tupfen und ebenfalls in Würfel schneiden.

2 In einem Topf die Margarine erhitzen und den Tofu darin von allen Seiten anbraten. Die Sellerie-, die Möhren- und die Zwiebelwürfel dazugeben und glasig dünsten. Währenddessen die Kartoffeln schälen und ebenfalls in Würfel schneiden.

3 Die Erbsen und die Kartoffelwürfel hinzufügen und die Gemüsebrühe angießen. Lorbeerblätter, Petersilie, Majoran ebenfalls dazugeben, mit Salz und Pfeffer würzen und die Suppe kochen, bis die Kartoffeln gar sind.

4 Die Lorbeerblätter entfernen, die Suppe mit dem Zitronensaft und nach Bedarf noch einmal Salz und Pfeffer abschmecken, auf tiefe Teller verteilen. Nach Belieben heiße vegane Würstchen als zusätzliche Einlage dazu reichen.

FRUCHTIGER ROTKOHLSALAT

Für 4 Personen

50 g	Sultaninen
½	Rotkohl
1	mittelgroße Zwiebel
1 Prise	gemahlene Gewürznelken
½ TL	gemahlener Zimt
	Meersalz, frisch gemahlener schwarzer Pfeffer
2	säuerliche Äpfel
1	Orange
1	Banane
50 g	Walnusskerne
2 TL	Reissirup
6 EL	Sonnenblumenöl
	frisch gepresster Saft von ½ Zitrone
	frisch gepresster Saft von 1 Orange

Zubereitung: 20 Minuten + mindestens 2 Stunden Kühlzeit

1 Die Sultaninen in warmem Wasser etwa 30 Minuten einweichen. In der Zwischenzeit die äußeren Blätter vom Rotkohl entfernen und den Rest sehr fein schneiden oder hobeln. Die Zwiebel schälen und in feine Würfel schneiden. In einer Schüssel mit dem Rotkohl mischen und mit Nelken, Zimt, Salz und Pfeffer würzen.

2 Die Äpfel halbieren, entkernen und mit der Schale fein würfeln. Die Orange filetieren. Dazu die Frucht so schälen, dass die weiße Haut vollständig entfernt wird. Anschließend die Orangenfilets mit einem scharfen Messer aus den Trennhäuten herausschneiden und ebenfalls in mundgerechte Stücke teilen. Die Banane schälen und in Scheiben schneiden. Die Walnusskerne hacken.

3 Die Apfel-, Orangen- und Bananenstücke mit den Walnusskernen, den abgetropften Sultaninen, dem Reissirup und dem Öl zum Salat geben und alles sorgfältig vermischen.

4 Den Rotkohlsalat mit dem Orangen- und dem Zitronensaft übergießen, noch einmal durchmischen, abdecken und mindestens 2 Stunden durchziehen lassen.

5 Vor dem Servieren den Rotkohlsalat noch einmal sorgfältig mischen und nach Belieben mit Salz und Pfeffer nachwürzen. Dazu schmeckt frisches Fladenbrot.

LIEBLINGSGERICHTE VEGANISIERT

DEFTIGES FÜR ECHTEN HUNGER: TOTAL LECKERE, APPETITLICHE, GERADEZU SCHMECKTAKULÄRE, HERZHAFTE, NAHRHAFTE, SAGENHAFTE GERICHTE, DIE AUCH FLEISCHESSER SATT MACHEN

KÖNIGSBERGER KLOPSE NACH OPAS ART

Für 4 hungrige Personen

Für die Klopse

- 250 g Weizengluten-Pulver
- 4 TL Hefeflocken
- ¼ TL gemahlener Piment
- 1 Prise geriebene Muskatnuss
- Salz, frisch gemahlener schwarzer Pfeffer
- 200 g geräucherter Tofu
- 1,85 l Gemüsebrühe
- 2 EL Sojasauce
- 1 EL Erdnussöl
- 1 TL gehackte Kapern
- 600 g vorwiegend festkochende Kartoffeln
- 2 EL gehackte Petersilie

Für die Sauce

- 1 Zwiebel
- 3 EL Margarine
- 1 Lorbeerblatt
- 4 EL Mehl
- 125 ml veganer Weißwein
- 750 ml Gemüsebrühe
- 1 Glas Kapern, abgetropft
- 1 EL Zitronensaft
- 1 Schuss Dinkelsahne
- 1 Prise geriebene Muskatnuss
- Salz, frisch gemahlener weißer Pfeffer

Zubereitung: 1 ½ Stunden

1 Für die Klopse das Weizengluten-Pulver mit den Hefeflocken, Piment, Muskatnuss, Salz und Pfeffer verrühren (siehe Tipp Seite 59).

2 Mit dem Stabmixer den Tofu mit 350 ml Gemüsebrühe, der Sojasauce und dem Erdnussöl pürieren. Die gehackten Kapern untermischen und das Püree mit der Gluten-Gewürz-Mischung mit den Händen zu einem homogenen Teig verkneten.

3 Die Hände anfeuchten und aus der Masse golfballgroße Klopse formen. Die restlichen 1,5 l Gemüsebrühe aufkochen und die Bällchen mit einem Schaumlöffel hineingleiten lassen. Die Temperatur reduzieren und die Klopse bei niedriger Hitze 1 Stunde garen. Mit einem Schaumlöffel herausheben und auf einem Teller beiseitestellen.

4 Die Kartoffeln schälen und in Salzwasser gar kochen. Währenddessen für die Sauce die Zwiebel schälen und hacken. In einem Topf die Margarine zerlassen und die Zwiebel mit dem Lorbeerblatt darin bei niedriger Hitze 10 Minuten glasig dünsten. Mit dem Mehl bestäuben, bei mittlerer Hitze unter Rühren hellgelb anschwitzen und mit dem Weißwein ablöschen. Nach und nach die Gemüsebrühe zugießen und zu einer glatten Sauce verrühren. Das Lorbeerblatt entfernen. Die Kapern und den Zitronensaft hinzufügen. Die Sauce mit der Dinkelsahne verfeinern und mit Muskatnuss, Salz und Pfeffer würzen.

5 Die Klößchen in die Sauce setzen und darin bei niedriger Hitze 10 Minuten ziehen lassen. Die gar gekochten Salzkartoffeln abgießen, mit den Königsberger Klopsen auf Tellern anrichten und mit Petersilie bestreut servieren.

FRUCHTIG-SCHARFE TOMATENSUPPE MIT GEBACKENEN WEISSEN BOHNEN

Für 4 Personen

½ Bund	Frühlingszwiebeln
1	Knoblauchzehe
1–2	rote Chilischoten, längs halbiert und entkernt
2 EL	Olivenöl
3 EL	Tomatenmark
½ TL	Garam Masala
1 EL	Zucker
100 ml	veganer Weißwein
100 ml	Orangensaft
2 Dosen	geschälte Tomaten (à 400 g)
500 ml	Gemüsebrühe
1	Lorbeerblatt
1 EL	getrockneter Oregano
1 Spritzer	veganer Tabasco
	Salz, frisch gemahlener schwarzer Pfeffer
1 Dose	vegane gebackene Bohnen in Tomatensauce (400 g)
200 g	Reissahne, steif geschlagen
1 Schuss	weißer Balsamico-Essig
	Chilischotenringe zum Servieren
	frische Oreganoblättchen zum Servieren

Zubereitung: 25 Minuten

1 Die Frühlingszwiebeln in Ringe schneiden. Den Knoblauch schälen und in feine Würfel schneiden. Die Chilischoten ebenfalls fein würfeln.

2 In einem großen Topf das Olivenöl erhitzen und die Zwiebeln mit der Chilischote darin anschwitzen. Den Knoblauch dazugeben und unter Rühren kurz mitschwitzen. Das Tomatenmark einrühren und kurz anrösten, dann Garam Masala sowie den Zucker einstreuen. Den Zucker kurz karamellisieren lassen. Mit dem Weißwein ablöschen, den Orangensaft, die Tomaten, die Gemüsebrühe, Lorbeer und Oregano hinzufügen. Die Suppe mit Tabasco, Salz und Pfeffer würzen und zugedeckt bei mittlerer Hitze 15 Minuten köcheln lassen. Dabei gelegentlich umrühren.

3 Das Lorbeerblatt entfernen. Die Suppe mit dem Stabmixer fein pürieren. Die gebackenen Bohnen hinzufügen und alles noch einmal aufkochen. Bis auf 4 EL die geschlagene Sahne unterziehen und die Suppe noch einmal mit etwas Essig, nach Belieben mehr Tabasco sowie Salz und Pfeffer pikant abschmecken.

4 Die Tomatensuppe auf Teller verteilen, jeweils 1 Klecks Sahne aufsetzen und mit ein paar Chiliringen sowie Oreganoblättchen bestreut servieren.

MAULTASCHEN

Ergibt 12 Stück

Für den Teig

- 300 g Weizenmehl (Type 405)
- 300 g Hartweizengrieß
- 2 EL Sonnenblumenöl

Für die Füllung

- 400 g Kartoffeln
- 1 l Gemüsebrühe
- 1 mittelgroße Zwiebel
- 1 Knoblauchzehe
- 1 kleine Handvoll Walnusskerne, gehackt
- 3 EL Sonnenblumenöl
- 300 g Spinat
- 1 Prise Zucker
- 1 Msp. geriebene Muskatnuss
- 1 TL Salz
- ¼ TL frisch gemahlener schwarzer Pfeffer
- 2 EL Margarine

Außerdem

- 2–3 Zwiebeln
- 5 EL Olivenöl
- 3 EL Schnittlauchröllchen

Zubereitung: 25 Minuten

1 Mehl in eine Schüssel sieben und mit dem Grieß vermischen. Öl und 300 ml Wasser zufügen und alles zu einem festen Teig verkneten. Bei Bedarf mehr Mehl zugeben. Zu einer Kugel formen, in Frischhaltefolie wickeln und im Kühlschrank 1 Stunde ruhen lassen.

2 In der Zwischenzeit die Kartoffeln schälen, in Stücke schneiden und in der Gemüsebrühe garen. Zwiebeln und Knoblauch schälen, in feine Würfel schneiden und zusammen mit den Walnüssen in Öl anschwitzen. Spinat dazugeben, Deckel auflegen und die Blätter 2 Minuten zusammenfallen lassen. Mit Zucker, Muskatnuss, Salz und Pfeffer abschmecken. Zusammen mit der Margarine mit dem Stabmixer pürieren.

3 Den Teig noch einmal kräftig durchkneten und in 4 gleich große Portionen teilen. Jedes Stück auf der bemehlten Arbeitsfläche mit dem Rollholz oder der Nudelmaschine zu Platten (1–2 mm dick) ausrollen. Die Teigplatten zu insgesamt 24 gleich großen Rechtecken schneiden. In die Mitte von 12 Rechtecken jeweils 1–2 EL Füllung setzen. Diese mit der anderen Hälfte der Rechtecke bedecken und die Ränder mit den Zinken einer Gabel rundherum fest zusammendrücken.

4 Salzwasser aufkochen, Maultaschen hineingleiten lassen und bei kleiner Hitze 10 Minuten ziehen lassen. Mit einem Schaumlöffel herausheben und abtropfen lassen.

5 Die restlichen Zwiebeln schälen, in Ringe schneiden und in einer Pfanne mit 3 EL Olivenöl bei mittlerer Hitze glasig dünsten. Die Temperatur erhöhen und die Zwiebelringe bei starker Hitze goldbraun anbraten. In einer zweiten Pfanne die Maultaschen im restlichen Olivenöl knusprig anbraten. Maultaschen und Röstzwiebeln auf Tellern anrichten und mit Schnittlauchröllchen servieren.

FALSCHER HASE MIT PORTWEIN-RAHM-SAUCE UND KARTOFFELSTAMPF

Für 4 Personen

Für den Hackbraten

250 g Glutenmehl
1 TL getrockneter Majoran
1 TL getrockneter Bärlauch
1 ½ EL Hefeflocken
Salz, frisch gemahlener schwarzer Pfeffer
200 g geräucherter Tofu
350 ml Gemüsebrühe
2 EL Sojasauce
1 EL Erdnussöl
1 EL gehackte Kapern
2 EL Rapsöl

Für die Sauce

Grundrezept für braune Sauce, siehe S. 182
1 Schuss Hafersahne
40 ml veganer Portwein

Für den Kartoffelstampf

1 kg vorwiegend festkochende Kartoffeln
1–2 Knoblauchzehen (nach Belieben)
1 Lorbeerblatt
50 g Margarine
150–200 ml Pflanzenmilch
1 Prise geriebene Muskatnuss
Salz, frisch gemahlener weißer Pfeffer

Außerdem

1 Kastenform

Zubereitung: 2 ¼ Stunden

1 Den Backofen auf 200 °C Umluft vorheizen. Für den Hackbraten das Glutenmehl mit Majoran, Bärlauch, Hefeflocken, Salz und Pfeffer verrühren (siehe Tipp Seite 59).

2 Den Tofu mit der Gemüsebrühe, der Sojasauce und dem Erdnussöl pürieren, mit den Kapern unter die trockenen Zutaten mischen und alles – zunächst mit einem Kochlöffel, dann mit den Händen – zu einem homogenen Teig verkneten. Den Teig zu einem Laib formen, der etwas kleiner als die Kastenform ist. In Backpapier einwickeln, dann in Alufolie einschlagen und in die Kastenform legen. Im heißen Ofen 2 Stunden backen.

3 Nach 1 Stunde Backzeit die Sauce nach dem Grundrezept zubereiten und warm stellen.

4 Für den Stampf die Kartoffeln schälen und klein schneiden. Den Knoblauch, falls verwendet, schälen und fein hacken oder durchpressen. In einem Topf die Kartoffeln mit Salzwasser bedecken und den Knoblauch mit dem Lorbeerblatt hinzufügen. Die Kartoffeln etwa 20 Minuten weich garen, dann abgießen und das Lorbeerblatt entfernen. Die Margarine hinzufügen und die Masse mit einem Kartoffelstampfer zerdrücken, dabei nach und nach Pflanzenmilch unterrühren, bis die Masse die gewünschte Konsistenz (von leicht stückig bis homogen breiig ist alles erlaubt) erreicht hat. Den Kartoffelstampf mit Muskatnuss, Salz und Pfeffer würzig abschmecken.

5 Vor dem Servieren die Sauce noch einmal kurz aufkochen, vom Herd nehmen und mit dem Stabmixer pürieren. Mit der Hafersahne und dem Portwein verfeinern. Den fertigen Hackbraten aus der Form heben, auswickeln und in Scheiben aufschneiden. Die Scheiben mit dem Kartoffelpüree anrichten und mit der Sauce sowie frischen Kräutern und Kapern servieren.

BERGLINSEN MIT TOMATENSAUCE

Für 4 Personen

100 g	geräucherter Tofu
100 g	Möhren
100 g	Sellerie
2	Schalotten
50 g	Lauch
1 Stängel	glatte Petersilie
4 EL	kalte Margarine
4 EL	Tomatenmark
4 EL	Balsamico-Essig
800 ml	Gemüsebrühe
200 g	Berglinsen
1 Dose	gehackte Tomaten (400 g)
2 Zweige	Thymian + etwas mehr zum Servieren
1 TL	Steinsalz
¼ TL	frisch gemahlener schwarzer Pfeffer

Zubereitung: 45 Minuten

1 Den Tofu mit Küchenpapier trocken tupfen. Die Möhren, den Sellerie und die Schalotten schälen und mit dem Tofu in 1 cm große Würfel schneiden. Den Lauch ebenfalls fein schneiden. Die Petersilienblätter abzupfen und grob hacken.

2 In einem Topf 2 EL Margarine zerlassen und den Lauch, die Schalotten, die Möhren, den Sellerie sowie den Tofu darin anbraten. Das Tomatenmark dazugeben und anrösten. Mit dem Balsamico-Essig ablöschen und einkochen lassen. Nach und nach die Gemüsebrühe zugießen, dann die Linsen, die Tomaten, den Thymian und die Petersilie zugeben. Das Ganze offen bei mittlerer Hitze etwa 25 Minuten köcheln lassen – dabei gelegentlich umrühren –, bis die Linsen weich, aber noch bissfest sind.

3 Die restliche Margarine in kleine Würfel schneiden und in die Tomatenlinsen einrühren. Mit Salz, Pfeffer und eventuell noch etwas mehr Essig abschmecken. Linsen auf Teller verteilen und mit einigen Thymianblättchen bestreut servieren. Dazu schmecken Spätzle (s. S. 86, ohne Käse und Hafersahne zubereitet).

TÜRKISCHE PIZZA

Für 4 Personen

Für den Teig

1 Päckchen	Trockenhefe (7 g)
1 TL	Zucker
500 g	Weizenmehl (Type 405)
1 Prise	Salz
4 EL	Olivenöl

Für den Belag

100 g	feine Sojaschnetzel
300 ml	Gemüsebrühe
1	Zwiebel
1	Knoblauchzehe
3 EL	Olivenöl
½ TL	Paprikapulver edelsüß
½ TL	gemahlener Zimt
1 Prise	gemahlene Muskatnuss
	Salz, frisch gemahlener schwarzer Pfeffer
3 EL	Tomatenmark
1 TL	Rohrohrzucker
1 Packung	passierte Tomaten (500 g)
½	Eisbergsalat
1	Gurke
4	Tomaten

Zubereitung: 30 Minuten + 70 Minuten Gehzeit

1 In einer Schüssel die Trockenhefe mit dem Zucker in 3 EL warmem Wasser auflösen und 10 Minuten ruhen lassen, bis die Masse schäumt. Das Mehl mit dem Salz in eine Schüssel sieben und in die Mitte eine Mulde drücken. Die Hefemischung mit dem Olivenöl und 250–300 ml lauwarmem Wasser hineingeben und alle Zutaten zu einem homogenen Teig verkneten. Zu einer Kugel formen und in der Schüssel mit einem Küchenhandtuch abgedeckt an einem warmen Ort mindestens 1 Stunde gehen lassen, bis sich die Teigmenge verdoppelt hat.

2 Währenddessen für den Belag die Sojaschnetzel in der Gemüsebrühe aufkochen und diese zugedeckt 10 Minuten quellen lassen. In ein Sieb abgießen und die Feuchtigkeit ausdrücken. Zwiebel und Knoblauch schälen und in feine Würfel schneiden. In einer Pfanne das Öl erhitzen und die Sojaschnetzel darin rundherum anbraten. Zwiebel und Knoblauch dazugeben und bei mittlerer Hitze anschwitzen. Gewürze, Tomatenmark und Zucker einrühren und leicht karamellisieren lassen. Die passierten Tomaten angießen und alles bei mittlerer Hitze 10 Minuten köcheln lassen.

3 Den Backofen auf 180 °C Umluft vorheizen. Auf der leicht bemehlten Arbeitsfläche den Teig noch einmal kräftig durchkneten. Ein Backblech mit Backpapier auslegen und den Teig darauf dünn ausrollen. Die Tomaten-Soja-Masse auf dem Teig verstreichen und die Pizza im heißen Ofen etwa 25 Minuten backen, bis die Ränder goldbraun sind.

4 In der Zwischenzeit den Salat in mundgerechte Stücke schneiden. Die Gurke längs halbieren und in Scheiben schneiden. Die Tomaten vom Stielansatz befreien und in Spalten schneiden. Die fertig gebackene Pizza mit Salat, Tomaten, Gurke und Zwiebeln servieren. Dazu schmeckt Knoblauchsauce (s. Rezept Seite 184).

»MATJES« MIT PETERSILIENKARTOFFELN

Für 4 Personen

Für den »Matjes«

- 500 g kleine, schlanke Auberginen
- 4 EL Salz
- 2 mittelgroße Zwiebeln
- 2 säuerliche Äpfel
- 6 kleine Gewürzgurken
- 600 g vorwiegend festkochende Kartoffeln
- 1 EL Margarine
- 4 EL frisch gehackte Petersilie
- Dillspitzen zum Servieren

Für die Marinade

- 500 g Sojajoghurt (natur)
- 200 g Hafersahne
- 6 EL Essiggurkensud
- 3 EL Weißweinessig
- 1 TL Zucker
- ½ Bund Dill
- 1 Noriblatt, in Wasser eingeweicht
- 1 TL Salz
- ¼ TL frisch gemahlener schwarzer Pfeffer

Zubereitung: 1 Stunde + 2 Stunden Marinierzeit

1 Für den »Matjes« die Auberginen vom Stielansatz befreien und längs in 0,5–1 cm dicke Scheiben schneiden. Die Scheiben von beiden Seiten salzen, mit einem Holzbrett beschweren und 30 Minuten ruhen lassen.

2 In der Zwischenzeit die Zwiebeln schälen, halbieren, in Streifen schneiden und mit den Händen etwas quetschen, das nimmt ihnen die Schärfe. Die Äpfel schälen, vierteln, entkernen und in dünne Scheiben oder Stifte schneiden. Die Gewürzgurken ebenfalls in feine Scheiben oder Stifte schneiden.

3 Für die Marinade den Joghurt mit Hafersahne, Gurkensud, Weißweinessig und Zucker glatt rühren. Den Dill fein schneiden. Das eingeweichte Noriblatt leicht ausdrücken, sehr klein schneiden und mit dem Dill unter das Dressing mischen. Mit Salz und Pfeffer abschmecken. Die Marinade behutsam mit den Zwiebeln, den Äpfeln und den Gewürzgurken mischen.

4 In einem großen Topf stark gesalzenes Wasser aufkochen und die Auberginenscheiben darin 5 Minuten kochen. Die Scheiben mit einem Schaumlöffel herausheben, abtropfen lassen und die Schale dünn abschneiden. In einer flachen Schüssel die Auberginen in der Marinade 2 Stunden ziehen lassen.

5 Die Kartoffeln schälen, in einem Topf mit Salzwasser gar kochen. Abgießen, kurz ausdampfen lassen. Die Margarine im Topf zerlassen und die Kartoffeln mit der Petersilie darin schwenken. Den »Matjes« mit den Petersilienkartoffeln auf Tellern anrichten und mit Dillspitzen garniert servieren.

AUSGEBACKENER SEITAN AUF FRUCHTIGEM TOMATENREIS

Für 4–6 Personen

Für den Seitan

500 g	Weizengluten-Pulver
5 EL	Hefeflocken
1 Päckchen	Trockenhefe (7 g)
½ TL	Zucker
1 TL	mildes Currypulver
	Salz, frisch gemahlener bunter Pfeffer
500 ml	Gemüsebrühe
2 EL	Sonnenblumenöl
1,5 l	Pflanzenöl zum Frittieren

Für den Tomatenreis

500 g	Reis
1 l	Gemüsebrühe
1	mittelgroße Zwiebel
2	Knoblauchzehen
1	rote Chilischote, längs halbiert und entkernt
3 EL	Olivenöl
50 ml	veganer Weißwein
1 Dose	Pizzatomaten (400 g)
½ TL	Paprikapulver edelsüß
1 EL	getrockneter Oregano
	Salz, frisch gemahlener schwarzer Pfeffer
	Kresse zum Garnieren

Zubereitung: 35 Minuten

1 Für den Seitan in einer Schüssel das Weizengluten-Pulver, die Hefeflocken, die Trockenhefe, den Zucker, das Currypulver, Salz und Pfeffer vermengen. In einer zweiten Schüssel die Gemüsebrühe mit dem Sonnenblumenöl vermengen. Die Flüssigkeit nach und nach zu den trockenen Zutaten geben, dann alles gut vermengen und durchkneten. Den Teig in einer sauberen Schüssel mit einem Küchenhandtuch bedecken und gehen lassen, bis sich sein Volumen verdoppelt hat, mindestens jedoch 2 Stunden.

2 In einem Topf das Frittierfett auf 150–160 °C erhitzen. Den aufgegangenen Teig in kleine Stücke reißen und im heißen Öl etwa 20 Minuten frittieren, bis sie rundherum goldbraun sind. Mit einem Schaumlöffel herausheben und auf Küchenpapier abtropfen lassen.

3 Während des Frittierens den Reis in der Gemüsebrühe nach Packungsanweisung gar kochen. Die Zwiebel und den Knoblauch schälen und mit der Chilischote in feine Würfel schneiden. In einem Topf das Olivenöl erhitzen und die Zwiebel-, Knoblauch- und Chiliwürfel darin anbraten. Mit dem Weißwein ablöschen. Die Pizzatomaten dazugeben und mit Paprikapulver, Oregano, Salz und Pfeffer abschmecken. Den fertigen Reis unter die Tomatensauce heben.

4 Den Tomatenreis mit dem Seitan auf Tellern anrichten und mit Kresse bestreut servieren.

100% PFLANZLICH

Bei Glutenmehl immer erst die trockenen Zutaten in einer Schüssel gut vermischen und die feuchten Zutaten separat vermengen. So verteilen sich die Gewürze und Kräuter besser. Dann mit den Händen kräftig durchkneten. Alternativ die Mischung in der Küchenmaschine herstellen.

UNGARISCHES GULASCH

Für 4 Personen

100 g	Sojaschnetzel
600 ml	Gemüsebrühe
3 EL	Sojasauce
1 TL	Paprikapulver edelsüß
½ TL	Paprikapulver rosenscharf
	Salz, frisch gemahlener schwarzer Pfeffer
500 g	Kartoffeln
3	mittelgroße Zwiebeln
100 g	Champignons
je 1	grüne und rote Paprikaschote, Stielansatz, Samen und Scheidewände entfernt
3 EL	Sonnenblumenöl
4 EL	Tomatenmark
3 EL	Mehl
50 ml	veganer Rotwein
500 ml	Gemüsebrühe
50 ml	Orangensaft
1 Dose	Pizzatomaten (400 g)
2	Lorbeerblätter
	abgeriebene Schale und Saft von ½ Zitrone
2 TL	Dijon-Senf
1 TL	Kümmelsamen
1 TL	getrockneter Majoran
1 Prise	Zucker
½ Bund	Petersilie
200 g	Sojajoghurt (natur)

Zubereitung: 1 Stunde

1 Die Sojaschnetzel in der Gemüsebrühe aufkochen, dann zugedeckt 10 Minuten quellen lassen. In ein Sieb abgießen und mit den Händen die Feuchtigkeit ausdrücken. In einer Schüssel mit Sojasauce, Paprikapulver, Salz und Pfeffer herzhaft würzen.

2 Die Kartoffeln und die Zwiebeln schälen, die Champignons putzen. Alles mit den Paprika in gleich große mundgerechte Stücke schneiden.
In einer Pfanne das Öl erhitzen und die Zwiebeln darin anschwitzen. Die Sojaschnetzel mit den Paprika und den Champignons dazugeben und mitbraten, bis alles knusprig braun wird. Anschließend die Kartoffeln hinzufügen.

3 Das Tomatenmark einrühren und kurz anrösten. Den Pfanneninhalt mit dem Mehl bestäuben und kurz aufkochen lassen. Mit dem Rotwein ablöschen, mit Gemüsebrühe, Orangensaft und Pizzatomaten auffüllen und Lorbeerblätter sowie abgeriebene Zitronenschale hinzufügen. Das Gulasch mit Senf, Kümmel, Majoran, Zucker, Salz und Pfeffer pikant abschmecken.

4 Das Gulasch bei niedriger Hitze 30 Minuten köcheln lassen. Währenddessen von der Petersilie die Blättchen abzupfen und fein hacken. Die Hälfte davon zusammen mit dem Zitronensaft, Salz und Pfeffer in den Joghurt einrühren. Zum Ende der Kochzeit die Lorbeerblätter wieder entfernen.

5 Das Gulasch auf tiefe Teller verteilen und mit einem Klecks Joghurt und der restlichen gehackten Petersilie garniert servieren.

SOJASCHNETZEL-FRIKASSEE AUF BASMATIREIS

Für 4 Personen

200 g	Sojaschnetzel
1 l	Gemüsebrühe
400 g	Basmatireis
	Salz
1	mittelgroße Zwiebel
3 EL	Rapsöl
	frisch gemahlener schwarzer Pfeffer
3 EL	Margarine
50 g	Weizenmehl
½ TL	Currypulver
1 kleines Glas	Champignons, abgetropft (170 g)
1 kleines Glas	Spargelstücke, abgetropft (170 g)
1 kleines Glas	Erbsen und Möhren, abgetropft (220 g)
2 TL	Kapern
50 ml	veganer Weißwein
1 Spritzer	Zitronensaft
1 TL	Agavendicksaft
1 Spritzer	vegane Worcestersauce
4 EL	Hafersahne

Zubereitung: 45 Minuten

1 Die Sojaschnetzel in der Gemüsebrühe aufkochen, den Topf vom Herd nehmen und die Schnetzel zugedeckt 10 Minuten quellen lassen. In ein Sieb abgießen – dabei die Brühe auffangen, sie wird später noch benötigt. Mit den Händen die Feuchtigkeit aus den Sojaschnetzeln drücken.

2 Den Basmatireis mit der doppelten Menge leicht gesalzenem Wasser aufkochen und bei niedriger Hitze 12–15 Minuten garen. Während der Reis kocht, die Zwiebel schälen und in feine Würfel schneiden. In einer Pfanne das Öl erhitzen und die Zwiebelwürfel darin glasig schwitzen. Die Sojaschnetzel dazugeben, mit Salz und Pfeffer würzen und anbräunen.

3 In einem Topf die Margarine zerlassen, das Mehl einstreuen und unter Rühren anschwitzen, bis es hellgelb ist. Mit dem Currypulver bestreuen und kurz mitschwitzen, dann nach und nach unter ständigem Rühren 500–600 ml der aufgefangenen Gemüsebrühe dazugeben. Die Sauce bei mittlerer Hitze 5 Minuten offen köcheln lassen, dabei gelegentlich umrühren.

4 Die Champignons je nach Größe halbieren. Die Zwiebel-Sojaschnetzel-Mischung mit den Champignons, dem Spargel, den Erbsen und Möhren sowie den Kapern zur Sauce geben, alles aufkochen und bei niedriger Hitze 5 Minuten köcheln lassen.

5 Das Frikassee mit Weißwein, Zitronensaft, Agavendicksaft, Salz, Pfeffer und Worcestersauce abschmecken und mit der Hafersahne verfeinern. Den Reis mit dem Frikassee auf Tellern servieren.

PROFI-TIPP:

Wer die Linsen nicht so knackig mag, kocht sie, statt sie einzuweichen vor der Verarbeitung 15–20 Minuten in ungesalzenem Wasser. Die Bällchen haben dann aufgrund des höheren Wassergehalts in den Linsen allerdings eine insgesamt weichere Konsistenz und werden beim Frittieren weniger knusprig.

KNUSPRIGE LINSENBÄLLCHEN

Für 4 Personen

250 g	rote Linsen (geschälte Spaltlinsen)
1	mittelgroße Zwiebel
2 EL	Tomatenmark
1 TL	Dijon-Senf
1 EL	Gewürzmischung (s. S. 184)
1 TL	körnige Gemüsebrühe
1 EL	Hefeflocken
2 EL	Sojamehl
1 EL	Weizengluten-Pulver
4–6 EL	Semmelbrösel (nach Bedarf)
1 TL	Backpulver
1 EL	Zuckerrübensirup
1 EL	Sojasauce
2–4 EL	Hafersahne (nach Bedarf)
	Rapsöl zum Braten
4 EL	Preiselbeermarmelade oder Chutney (nach Belieben)

Zubereitung: 35 Minuten

1 Am Vortag die Linsen in einer Schüssel mit 1 l Wasser bedecken und darin mindestens 12 Stunden – am besten über Nacht – einweichen.

2 Für die Bällchen die Linsen in ein Sieb abgießen, abspülen und abtropfen lassen. Die Zwiebel schälen und in sehr feine Würfel schneiden. In einem leistungsstarken Mixer oder in der Küchenmaschine die Zwiebelwürfel mit den Linsen, dem Tomatenmark, dem Senf, der Gewürzmischung, der Gemüsebrühe, den Hefeflocken, dem Sojamehl, dem Weizengluten-Pulver, 4 EL Semmelbrösel, dem Backpulver, dem Zuckerrübensirup, der Sojasauce und 2 EL Hafersahne zu einem gut formbaren Teig verkneten – nach Belieben können die Linsen im Teig etwas stückig bleiben oder zu einer homogenen Masse püriert werden. Nach Bedarf etwas mehr Semmelbrösel oder Hafersahne hinzufügen. Den Teig abgedeckt 30 Minuten ruhen lassen.

3 Mit angefeuchteten Händen aus der Linsenmasse walnussgroße, feste Bällchen formen. In eine hohe unbeschichtete Pfanne das Öl 1 cm hoch einfüllen (etwa 200 ml), auf 175 °C erhitzen und die Bällchen darin in zwei Portionen von allen Seiten goldbraun anbraten. Herausheben und auf einem mit Küchenpapier ausgelegten Teller abtropfen lassen.

4 Die Linsenbällchen auf Tellern anrichten und nach Belieben mit 1 Klecks Preiselbeermarmelade oder Chutney garniert servieren. Dazu schmecken ein einfacher grüner Salat, der Kartoffelstampf von Seite 51 mit der braunen Sauce von Seite 182 oder auch ein Schüsselchen Reis. Anstelle von Preiselbeermarmelade oder Chutney kann man einen mit Salz und Pfeffer gewürzten Sojajoghurt zu den Linsenbällchen reichen.

GYROS IM FILOTEIG-FLADEN MIT ZAZIKI

Für 4 Personen

Für das Gyros

200 g Sojaschnetzel
1 l kochend heiße Gemüsebrühe
3 mittelgroße Zwiebeln
2 Knoblauchzehen
2 EL Sojasauce
1 Prise Cayennepfeffer
Salz, frisch gemahlener schwarzer Pfeffer
2 EL Öl
4 Filoteig-Fladen (Rezept S. 185)

Für den Zaziki

½ Gurke
500 g Sojajoghurt
1 Knoblauchzehe
1 EL gehackter Dill
1 Spritzer Zitronensaft
1 EL Olivenöl
1 EL Weißweinessig
1 Prise Zucker
Steinsalz, frisch gemahlener schwarzer Pfeffer

Zubereitung: 45 Minuten

1 Für das Gyros die Sojaschnetzel mit der Gemüsebrühe aufgießen und 15 Minuten einweichen. Zwiebeln schälen und in feine Streifen schneiden, Knoblauch schälen und fein würfeln. In einer Schüssel Zwiebeln und Knoblauch mit Sojasauce, Cayennepfeffer, Salz und Pfeffer zu einer Marinade verrühren. Die eingeweichten Schnetzel in ein Sieb abgießen und mit den Händen ausdrücken. In einer Schüssel die Stücke mit der Marinade vermengen. Die Schüssel mit Frischhaltefolie abdecken und die Sojaschnetzel im Kühlschrank mindestens 1 Stunde marinieren.

2 Für den Zaziki die Gurke schälen und längs halbieren. Mit einem Löffel die Kerne herauskratzen und den Rest fein raspeln. Gurkenraspel in einer Schüssel mit Salz bestreuen und abgedeckt 10 Minuten Wasser ziehen lassen. Den Sud abgießen und die Gurke mit dem Sojajoghurt glatt rühren. Knoblauch schälen, durch die Presse drücken und mit den restlichen Zaziki-Zutaten unter den Joghurt mischen. Abgedeckt im Kühlschrank mindestens 30 Minuten durchziehen lassen.

3 Die Sojaschnetzel aus der Marinade heben. In einer Pfanne das Öl erhitzen, die marinierten Sojaschnetzel darin rundherum anbraten und warm stellen. Den Filoteig zu vier Fladen ausrollen und in einer beschichteten Pfanne mit dem restlichen Öl bei mittlerer Hitze von jeder Seite etwa 1 Minute anbraten.

4 Die Filoteigfladen auf Teller verteilen und etwas Gyros sowie 1 Klecks Zaziki daraufgeben und servieren. Dazu schmecken aufgeschnittene Tomaten, ein Tomatensalat oder ein Krautsalat.

KICHERERBSENBURGER

Für 4 Personen

Für die Burger

8 Blätter	Eisbergsalat
1	Zwiebel
2	Tomaten
2	süßsauer eingelegte Essiggurken
4	Vollkorn-Burgerbrötchen

Für die Kichererbsen-Patties

200 g	Kichererbsen
1	mittelgroße Zwiebel
1	Knoblauchzehe
1 TL	Kapern
2 EL	Speisestärke
50 g	Semmelbrösel
1 TL	Dijon-Senf
50 g	Sojasahne
1 TL	getrockneter Thymian
1 Prise	Zucker
	geriebene Muskatnuss
	Salz, frisch gemahlener schwarzer Pfeffer
2 EL	Pflanzenöl

Für die Burgersauce

4 EL	Ketchup
1 EL	vegane Mayonnaise (Rezept s. S. 182)
1 TL	Mandelmus
½ TL	Paprikapulver edelsüß
1 Msp.	Currypulver

Süßkartoffelchips
(Rezept s. S. 184)

Zubereitung: etwa 35 Minuten + 12 Stunden Einweichzeit

1 Am Vortag die Kichererbsen in einer Schüssel mit 1 l Wasser bedecken und darin mindestens 12 Stunden – am besten über Nacht – einweichen lassen.

2 Am nächsten Tag für die Burgersauce den Ketchup mit der Mayonnaise und dem Mandelmus glattrühren. Das Paprikapulver und das Currypulver dazugeben und die Sauce mit Salz und Pfeffer pikant abschmecken.

3 Für die Burger den Eisbergsalat in mundgerechte Stücke zupfen, die Zwiebel schälen und in feine Ringe schneiden. Die Tomaten ohne Stielansatz ebenso wie die Gurken in Scheiben schneiden.

4 Den Backofen auf 150 °C Umluft vorheizen. Für die Patties die Kichererbsen in ein Sieb abgießen und abtropfen lassen. Die Zwiebel und den Knoblauch schälen und in Würfel schneiden. Alle weiteren Zutaten bis auf das Öl im Mixer pürieren und mit Muskatnuss, Salz und Pfeffer pikant abschmecken. Die Masse mit angefeuchteten Händen zu 4 gleich großen Frikadellen formen. In einer Pfanne das Öl erhitzen und die Patties darin von jeder Seite ungefähr 3 Minuten goldbraun anbraten und auf einem mit Küchenpapier ausgelegten Teller abtropfen lassen. Die abgetropften Frikadellen auf einem mit Backpapier ausgelegten Backblech verteilen und im heißen Ofen 10 Minuten weitergaren.

5 Die Burgerbrötchen im heißen Ofen kurz erwärmen, aufschneiden und auf den Innenseiten mit Burgersauce bestreichen. Mit den Kichererbsen-Patties und Salat, Zwiebel, Tomate sowie Essiggurke belegen und zusammen mit den Süßkartoffelchips servieren.

HIMMEL-UND-ERDE-TÜRMCHEN MIT GESCHMORTEN ZWIEBELN

Dieses Rezept könnte auch im Kapitel »Wenn Sie beeindrucken wollen« stehen, denn »hochgestapelt« macht der rheinische Klassiker gleich doppelt so viel Eindruck.

Für 4 Personen

400 g	Kartoffeln
1	Lorbeerblatt
3	Gewürznelken
3	säuerliche Äpfel
	Saft von ½ Zitrone
3 EL	feiner Rohrohrzucker
200 g	Zwiebeln
4 EL	Rapsöl
30 g	Weizenmehl
50 g	Tomatenmark
50 ml	veganer Rotwein
200 ml	Gemüsebrühe
100 g	Hafersahne
	Salz, frisch gemahlener schwarzer Pfeffer
1 Prise	geriebene Muskatnuss
2 EL	gehackte Petersilie

Zubereitung: 40 Minuten

1 Die Kartoffeln schälen, in Stücke schneiden, mit dem Lorbeerblatt und den Nelken in gesalzenem Wasser gar kochen. Den Backofen auf 70 °C Umluft vorheizen.

2 Währenddessen die Kerngehäuse – am besten mit einem Apfelausstecher – der Äpfel entfernen. Die Äpfel quer in 1 cm dicke Scheiben schneiden und mit dem Zitronensaft beträufeln. Den Zucker in einen tiefen Teller füllen und die Apfelscheiben darin wenden. Eine Grillpfanne erhitzen und die Scheiben auf beiden Seiten grillen, bis der Zucker leicht karamellisiert ist. Die Äpfel sollten aber nicht zu weich werden. Ein Backblech mit Backpapier auslegen und die karamellisierten Apfelscheiben darauf mit Alufolie abgedeckt im vorgeheizten Ofen warmstellen.

3 Die Zwiebeln schälen und in feine Ringe schneiden. In einer Pfanne das Öl erhitzen und die Zwiebeln darin glasig schwitzen. Mit dem Mehl bestäuben und kurz anrösten. Das Tomatenmark dazugeben und ebenfalls anrösten. Mit dem Rotwein ablöschen und nach und nach die Gemüsebrühe zugeben. Mit Salz und Pfeffer abschmecken und bei niedriger Hitze 10 Minuten einkochen lassen.

4 Die gekochten Kartoffeln abgießen, das Lorbeerblatt und die Nelken entfernen. Die Hafersahne dazugeben und die Kartoffeln mit dem Stampfer zu einem cremigen Brei zerdrücken. Mit Salz, Pfeffer und Muskatnuss pikant abschmecken. Die Kartoffelmasse in einen Spritzbeutel mit einer großen Sterntülle füllen.

5 Die Apfelscheiben aus dem Ofen nehmen. Auf jedem Teller zunächst 1 Apfelscheibe anrichten, darauf etwas von dem Kartoffelpüree spritzen, mit 1 EL Zwiebelsud beträufeln und mit der nächsten Apfelscheibe fortfahren, bis der Turm aus mindestens 2 Apfelscheiben und 2 Schichten Kartoffelpüree samt Sauce besteht. Mit einem Löffel Zwiebeln auf dem Kartoffelpüree abschließen und die Türmchen mit frisch gehackter Petersilie bestreut servieren.

VEGAN FÜR ANFÄNGER:

SO GELINGT DIE UMSTELLUNG

Sind Sie neugierig geworden? Wenn Sie von vegetarischer oder fleischhaltiger auf vegane Ernährung umstellen wollen, werden Sie feststellen, dass dies viel leichter ist als gedacht. Tierische Produkte lassen sich einfach und kostengünstig durch biologisch hochwertige pflanzliche Alternativen ersetzen.

Vegane Ernährung bedeutet eine Bereicherung Ihres Speiseplans, und das bei gutem Gewissen. Hafer-, Reis-, Dinkel- und Sojamilch, Nuss- und Mandelmilch, Tofu, Seitan, Tempeh und Getreidesorten wie Amaranth, Quinoa, Bulgur oder Buchweizen sorgen für neue Geschmackserlebnisse.

Mit einfachen Tricks können Sie beim Backen und Braten Eier ersetzen. Wer Süßes liebt, kommt mit rohem Kakao, Kokoscreme, Seidentofu-Desserts und veganem Eis voll auf seine Kosten. Vegane Küche muss weder aufwendig noch teuer sein, wie die leckeren Rezepte aus den Kapiteln »Vegan to go« und »Knapp bei Kasse« zeigen. Auch im Discounter finden Sie zahlreiche Produkte, die vegan sind – lesen Sie die Zutatenlisten und machen Sie sich kundig, hinter welchen Kürzeln sich tierische Nebenprodukte verbergen (siehe auch »Einkaufstipps«).

SO KLAPPT DIE UMSTELLUNG FÜR VEGETARIER

Ersetzen Sie Kuhmilch durch Pflanzenmilch-Produkte und experimentieren Sie. Sojamilch lässt sich prima schäumen; wenn Sie Ihren Kaffee oder Chai mit Sojamilch trinken möchten, wählen Sie eine geschmacksneutrale Sorte oder pflanzlichen Kaffeeweißer.

Nussmilch schmeckt besonders lecker als Grundlage für Smoothies und Müsli. Mandelmilch eignet sich als köstliches Getränk, für Eiskaffee und als Grundlage für feine Desserts, Kuchen und vieles mehr.

Reis-, Dinkel-, Hafer- und Sojasahne können zum Kochen verwendet, aber auch aufgeschlagen werden. Probieren Sie aus, welche Sorte Ihnen am besten schmeckt. Sojajoghurts sind

in vielen Geschmacksrichtungen im Supermarkt und Bioladen erhältlich. Rezepte für veganen Käse, für Hefeschmelz und Mandelmus zum Überbacken finden Sie im Kapitel »Grundrezepte«.
Ei können Sie mit pflanzlichem Eipulver ersetzen. Wenn Sie herzhafte Eiergerichte lieben, nehmen Sie Steinsalz zum Würzen von Ei-Ersatz. Für Pfannkuchen verwenden Sie eine Mischung aus Backpulver und Mineralwasser (s. S. 130). Brownies, Muffins & Co. gelingen mit Rapsöl ganz ohne Ei (s. S. 169 und 172).
Auch Honig wird aus ethischen Gründen in der veganen Ernährung ersetzt. Rohrohrzucker, Zuckerrübensirup und Agavendicksaft bieten schmackhafte Alternativen zum Süßen von Nachspeisen und Gebäck.

SO KLAPPT DIE UMSTELLUNG FÜR FLEISCH- UND FISCHESSER

Wenn Sie bisher Fleisch, Fisch und Geflügel gegessen haben und nun aus ethischen oder gesundheitlichen Gründen auf vegane Ernährung umstellen wollen, gilt es als Erstes, die tierischen Produkte ausfindig zu machen, auf die Sie in Zukunft verzichten möchten. Dies ist in manchen Fällen schwieriger als gedacht. Sogenannte »tierische Nebenprodukte« verbergen sich unter anderem in Wein, Säften, Lebensmittelfarben, tierischem Glycerin und »E-Stoffen«. Verschiedene Weißzuckersorten werden mit Knochenmehl gebleicht, brauner Zucker aus dem Discounter oft mit Tierblut gefärbt.

Wer auf den Geschmack von Fleisch und Fisch nicht verzichten möchte, findet eine reichhaltige Palette von pflanzlichen Produkten im Handel. Probieren Sie aus, welche Ihnen am besten schmecken. Sparen Sie beim Kochen nicht mit Gewürzen; Rauch- und Steinsalz verleihen veganen Gerichten einen intensiven Geschmack. Und wenn Sie so richtig Hunger auf Gulasch oder Braten haben, suchen Sie sich ein deftiges Rezept aus Kapitel 2 aus und schlemmen Sie!

WENN DIE KASSE KNAPP IST

EINFACH UND LECKER: REIN PFLANZLICHE ERNÄHRUNG IST GUT FÜR DIE UMWELT UND ZUDEM GÜNSTIG.

SPAGHETTI MIT GRÜNKERN-BOLOGNESE

Für 4 Personen

100 g	geschroteter Grünkern
500 ml	Gemüsebrühe
1	mittelgroße Möhre
1	mittelgroße Zwiebel
1	Knoblauchzehe
1	große Stange Staudensellerie
3 EL	Olivenöl
2 EL	Tomatenmark
1 TL	Rohrohrzucker
100 ml	veganer Rotwein
2 kleine Dosen	gehackte Tomaten (à 400 g)
1 EL	getrockneter Oregano
2 EL	gehacktes Basilikum + etwas mehr zum Servieren
	Salz, frisch gemahlener schwarzer Pfeffer
500 g	Spaghetti

Zubereitung: 1 Stunde

1 Den Grünkernschrot in einem Topf ohne Fett anrösten, bis er Farbe anzunehmen beginnt. Mit der Gemüsebrühe ablöschen und alles kurz aufkochen lassen. Den Topf vom Herd nehmen, den Deckel auflegen und den Schrot 1 Stunde ausquellen lassen.

2 In der Zwischenzeit die Möhre, die Zwiebel und den Knoblauch schälen. Alles in feine Würfel schneiden, den Staudensellerie ebenfalls.

3 In einer großen beschichteten Pfanne das Olivenöl erhitzen und die Zwiebel mit dem Knoblauch darin anschwitzen. Das Gemüse hinzufügen und 2–3 Minuten mitrösten. Den gequollenen Grünkernschrot dazugeben und leicht anbraten. Das Tomatenmark und den Zucker kurz mit anrösten, den Zucker leicht karamellisieren lassen. Mit dem Rotwein ablöschen und ein wenig einkochen lassen. Die Tomaten hinzufügen und den Oregano untermischen. Den Pfanneninhalt bei niedriger bis mittlerer Hitze etwa 30 Minuten köcheln lassen. Das gehackte Basilikum unterrühren, die Sauce mit Salz und Pfeffer abschmecken und bis zum Servieren warm halten.

4 In einem großen Topf reichlich Salzwasser aufkochen und die Spaghetti darin nach Packungsanweisung bissfest kochen. Die Nudeln in ein Sieb abgießen, tropfnass zur Sauce in die Pfanne geben und unterheben. Die Spaghetti mit Grünkern-Bolognese auf Teller verteilen und mit einigen Basilikumblättern bestreut servieren.

PROFI-TIPP:
Wenn Kinder mitessen, den Wein durch Wasser und einen Schuss Balsamico oder durch Traubensaft ersetzen.

KARTOFFELGULASCH

Für 4 Personen

1,5 kg	Kartoffeln
3 EL	Sonnenblumenöl
2	mittelgroße Zwiebeln
2	Möhren
2	rote Paprikaschoten, Stielansatz, Samen und Scheidewände entfernt
1 TL	Paprikapulver edelsüß
1 Msp.	Paprikapulver rosenscharf (nach Belieben)
3 EL	Tomatenmark
1 TL	dunkler Rohrohrzucker
1–1,5 l	Gemüsebrühe
4 Stängel	Majoran + etwas mehr zum Servieren
	abgeriebene Schale und Saft von ½ Bio-Zitrone
1 TL	Kümmelsamen (nach Belieben)
	Salz, frisch gemahlener schwarzer Pfeffer
4	Essiggurken

100% PFLANZLICH

Achten Sie beim Kauf von braunem Zucker im Supermarkt darauf, dass keine tierischen Produkte als Färbemittel zugesetzt sind.

Zubereitung: 30 Minuten

1 Die Kartoffeln schälen und in kleine Würfel schneiden. In einem Topf das Sonnenblumenöl erhitzen und die Kartoffelwürfel darin rundherum etwa 3 Minuten anbraten.

2 Die Zwiebeln, den Knoblauch und die Möhren schälen. Paprika und das übrige Gemüse in Würfel schneiden und im Topf kurz mit andünsten. Das edelsüße und rosenscharfe Paprikapulver, das Tomatenmark und den Zucker untermischen und 2–3 Minuten mitrösten. Mit so viel Gemüsebrühe auffüllen, dass das Gemüse knapp bedeckt ist. Vom Majoran die Blättchen abzupfen und einige schöne für die Garnitur beiseitelegen. Den restlichen Majoran mit der Zitronenschale dazugeben. Nach Belieben mit dem Kümmel, einem Spritzer Zitronensaft sowie mit Salz und Pfeffer abschmecken. Das Gulasch bei mittlerer Hitze etwa 15 Minuten köcheln lassen, bis die Kartoffeln weich sind.

3 Das Kartoffelgulasch noch einmal abschmecken. Die Essiggurken der Länge nach in Streifen schneiden. Das Gulasch auf tiefe Teller verteilen. Jeweils ein paar Gurkenstreifen darauf anrichten und das Kartoffelgulasch mit einigen Majoranblättchen bestreut servieren.

BULGURSALAT MIT TOMATEN UND RUCOLA

Für 4 Personen

Für den Salat

300 g	Bulgur (Weizenschrot)
300 ml	kochend heiße Gemüsebrühe
3	Frühlingszwiebeln
500 g	Tomaten
1 Bund	Rucola

Für das Dressing

1 kleines Stück	Ingwerwurzel (10 g)
1 TL	Dijon-Senf
	frisch gepresster Saft von ½ Zitrone
1 TL	Apfelessig
2 TL	Rapsöl
	Salz
	frisch gemahlener weißer Pfeffer
1 TL	rosa Pfefferbeeren

PROFI-TIPP:

Wenn es schnell gehen muss, ist der aus der orientalischen Küche bekannte Bulgur ein perfekter Partner. Meist wird er aus Hartweizengrieß hergestellt. Bulgur ist reich an Nährstoffen und liefert neben hochwertigem Eiweiß unter anderem Ballaststoffe und Eisen.

Zubereitung: 35 Minuten

1 Den Bulgur mit der kochenden Gemüsebrühe übergießen und zugedeckt 30 Minuten quellen lassen.

2 In der Zwischenzeit den weißen Teil der Frühlingszwiebeln in feine Ringe schneiden. Die Tomaten vom Stielansatz befreien, halbieren, entkernen und in Würfel schneiden.

3 Für das Dressing den Ingwer schälen und sehr fein würfeln. Die Ingwerwürfel mit dem Senf, dem Zitronensaft, dem Essig, dem Öl, Salz und gemahlenem Pfeffer zu einer Vinaigrette vermengen. Die Pfefferbeeren nach Belieben im Mörser leicht zerstoßen.

4 Die Tomatenwürfel und die Frühlingszwiebelringe unter den Bulgur heben. Zum Schluss die Vinaigrette dazugeben und alles gut durchmischen.

5 Den Bulgursalat mit dem Rucola auf Teller verteilen, mit dem rosa Pfeffer bestreuen und servieren.

LABSKAUS

Das Original bestand vermutlich in erster Linie aus Pökelfleisch und wurde für Seeleute erfunden. In Norddeutschland und Skandinavien mögen aber auch Landratten Labskaus.

Für 4 Personen

1	große Zwiebel
200 g	geräucherter Tofu
1 kg	festkochende Kartoffeln
3 EL	Sonnenblumenöl
1 l	Gemüsebrühe
1	Lorbeerblatt
4–6	Gewürzgurken
200 g	Rote Bete, vorgekocht und vakuumiert
2 EL	Hefeflocken
1 TL	mittelscharfer Senf
2–3 EL	Gewürzgurkensud (nach Belieben)
1 Msp.	geriebene Muskatnuss
	Salz, frisch gemahlener schwarzer Pfeffer

Zubereitung: 25 Minuten

1 Die Zwiebel schälen und in feine Würfel schneiden. Den Tofu mit Küchenpapier trocken tupfen und mit einer Gabel auf einem flachen Teller sehr fein zerbröseln. Die Kartoffeln schälen und in gleich große Würfel schneiden.

2 In einem Topf das Öl erhitzen und Zwiebeln mit dem Tofu darin anbraten. Mit der Gemüsebrühe auffüllen und die Kartoffelwürfel sowie das Lorbeerblatt hinzufügen. Alles aufkochen und bei mittlerer Hitze 20 Minuten köcheln lassen. Abgießen, kurz ausdampfen lassen, das Lorbeerblatt entfernen und alles grob zerstampfen.

3 Die Gewürzgurken und die Rote Bete in kleine Würfel schneiden und unter die gestampften Tofu-Kartoffeln heben. Mit den Hefeflocken, dem Senf, Gewürzgurkensud nach Belieben, Muskatnuss, Salz und Pfeffer abschmecken.

4 Den Labskaus auf tiefen Tellern anrichten und servieren.

LETSCHO MIT BRATKARTOFFELN

Für 4 Personen

Für die Bratkartoffeln

- 700 g festkochende Kartoffeln
- 2 Zwiebeln
- 200 g geräucherter Tofu
- 5 EL Sonnenblumenöl
- 1 Msp. Cayennepfeffer
- ½ TL Paprikapulver edelsüß
- Salz, frisch gemahlener schwarzer Pfeffer

Für das Letscho

- 3–4 rote Paprikaschoten, Stielansatz, Samen und Scheidewände entfernt
- 6 mittelgroße reife Tomaten
- 1 Gurke
- 3 Zwiebeln
- 2 Knoblauchzehen
- 1–2 grüne Chilischoten (nach Belieben)
- 3 EL Olivenöl
- 2 Zweige Rosmarin
- 4 Stiele Thymian
- 1 EL Paprikapulver edelsüß
- 1 Msp. gemahlener Piment
- 2 EL Balsamico-Essig
- 1 TL Zuckerrübensirup
- abgeriebene Schale von 1 Bio-Zitrone
- Salz, frisch gemahlener schwarzer Pfeffer

Zubereitung: etwa 45 Minuten

1 Für die Bratkartoffeln die Kartoffeln mit Schale in Salzwasser aufsetzen und gar kochen. Anschließend abgießen, pellen und in Scheiben schneiden.

2 Für das Letscho die Paprika in grobe Stücke schneiden. Die Tomaten kreuzweise einritzen, vom Stielansatz befreien und mit kochendem Wasser übergießen, dann häuten und das Fruchtfleisch in Stücke schneiden. Die Gurke schälen, der Länge nach halbieren, mit einem Teelöffel die Kerne herauskratzen und die Hälften in Würfel schneiden. Die Zwiebeln schälen und in Streifen schneiden. Den Knoblauch schälen und fein würfeln. Die Chilischote(n) in Ringe schneiden.

3 In einem großen Topf das Olivenöl erhitzen und die Chilischote mit Rosmarin, Thymian und Knoblauch darin andünsten. Paprikapulver und Piment mitdünsten – nur ganz kurz, damit es nicht bitter wird. Zwiebelstreifen dazugeben und glasig anschwitzen. Paprikawürfel, Tomatenstücke und Gurke dazugeben und mit Essig, Zuckerrübensirup, Zitronenschale, Salz und Pfeffer würzen. Aufkochen und bei mittlerer Hitze etwa 30 Minuten köcheln lassen. Anschließend Rosmarin und Thymian wieder entfernen.

4 Die Zwiebeln für die Bratkartoffeln schälen und in feine Würfel schneiden. Den Räuchertofu mit Küchenpapier trocken tupfen und ebenfalls in Würfel schneiden. In einer Pfanne das Sonnenblumenöl erhitzen und die Kartoffelscheiben mit dem Räuchertofu darin goldbraun braten. Die Zwiebeln dazugeben und mit anbraten. Mit Cayennepfeffer, Paprikapulver, Salz und Pfeffer würzig abschmecken. Das Letscho mit den Bratkartoffeln servieren.

»Käse«-Spätzle

Viele Vegetarier stellen sich die Frage, ob sie auch auf Käse verzichten könnten. Aber dank veganem Käse ohne Zusatz tierischer Produkte gibt es auch hier eine pflanzliche Alternative zu traditionellem Käse.

Für 4 Personen

300 g	Weizenmehl (Type 405)
100 g	Hartweizengrieß
1 TL	grobes Meersalz
4 EL	Sojamehl
¼ TL	frisch gemahlener weißer Pfeffer
¼ TL	Kurkuma
300 ml	Mineralwasser
250 g	Hafersahne
2 EL	Schnittlauch
300 g	veganer Käse

100% PFLANZLICH

Veganen Käse kann man aus Cashewkernen auch selbst herstellen (s. S. 184).

Zubereitung: 35 Minuten

1 Das Mehl und den Hartweizengrieß in eine Schüssel geben. Salz, sowie das Sojamehl, Pfeffer und Kurkuma hinzugeben. Mineralwasser nach und nach zufügen und den Teig kräftig durchkneten bzw. schlagen, am besten mit einem Holzlöffel, der Teig sollte relativ weich sein.

2 Wasser in einem großen Topf zum Kochen bringen und salzen. Den Teig nach und nach, am besten mit einer Kartoffelpresse oder einem Spätzlebrett (ein Kunststoffbrett mit Löchern), hineingeben. Hitze reduzieren, sodass das Wasser nur leicht brodelt. Spätzle, die oben schwimmen, können mit einer Schaumkelle abgeschöpft werden. Am besten kurz in kaltem Wasser mit ein paar Eiswürfeln abschrecken, damit sie nicht zu weich werden.

3 Den Backofen auf 200 °C Umluft vorheizen. Hafersahne, Spätzle, Schnittlauch und Käse vermengen, in eine Auflaufform geben und 15–20 Minuten in den Backofen geben, bis der Käse goldgelb und zerlaufen ist.

FEURIGE BANDNUDELN MIT OLIVEN UND KAPERN

Ein Pastagericht, das nach der Sonne des Südens schmeckt und durch die Peperoncini richtig Feuer bekommt. Wer es weniger scharf mag oder für Kinder kocht, lässt sie einfach weg.

Für 4 Personen

1	mittelgroße Zwiebel
2	Knoblauchzehen
2–3	Peperoncini (nach Belieben)
3 EL	Olivenöl
2 EL	Tomatenmark
1 TL	Rohrohrzucker
2 EL	eingelegte Kapern, abgespült und abgetropft
1 kleines Glas	Kalamata-Oliven (185 g)
1 Dose	gehackte Tomaten (400 g)
2 EL	gehacktes Basilikum
	Meersalz
500 g	Bandnudeln (z. B. Tagliatelle)
	frisch gepresster Saft von ½ Limette (nach Belieben)

Zubereitung: 20 Minuten

1 Die Zwiebel und den Knoblauch schälen und in feine Würfel schneiden. Die Peperoncini zerbröseln, fein hacken oder im Mörser zerreiben.

2 In einer großen Pfanne das Olivenöl erhitzen. Die Zwiebel- und die Knoblauchwürfel mit den Peperoncini darin bei mittlerer Hitze anschwitzen, bis die Zwiebel glasig ist. Das Tomatenmark einrühren, den Zucker einstreuen und mitbraten, bis er leicht karamellisiert. Die Kapern, die Oliven, die Tomaten und das Basilikum hinzufügen. Die Sauce mit 1 Prise Salz würzen und bei niedriger Hitze 10 Minuten köcheln lassen.

3 In der Zwischenzeit in einem großen Topf reichlich Salzwasser aufkochen und die Nudeln darin nach Packungsanweisung bissfest kochen. Die Bandnudeln in ein Sieb abgießen, tropfnass zur Sauce in die Pfanne geben, unterheben und das Ganze nach Belieben mit 1 Spritzer Limettensaft verfeinern.

4 Die Bandnudeln mit der Sauce auf tiefe Teller verteilen.

STECKRÜBEN-KARTOFFEL-EINTOPF MIT GETROCKNETEN TOMATEN

Für 4 Personen

1	mittelgroße Zwiebel
1 Stange	Lauch
500 g	Steckrüben
2	Petersilienwurzeln
2	mittelgroße Möhren
4	mittelgroße Kartoffeln
3 EL	Margarine
2 Zweige	Majoran
1,5 l	Gemüsebrühe
200 g	Hafersahne
½ Bund	Frühlingszwiebeln
2	Knoblauchzehen
6–8	getrocknete Tomaten (in Öl)
2 EL	Olivenöl
	abgeriebene Schale von ½ Bio-Zitrone
	abgeriebene Schale von ½ Bio-Orange
1 Prise	Zucker
2 EL	gehackter Estragon
	geriebene Muskatnuss
	frisch gepresster Saft von ½ Zitrone
	Salz, frisch gemahlener schwarzer Pfeffer

Zubereitung: 45 Minuten

1 Für den Eintopf die Zwiebel schälen und in feine Würfel schneiden. Vom Lauch den weißen bis hellgrünen Teil in mundgerechte Stücke schneiden. Die Steckrüben, die Petersilienwurzeln, die Möhren und die Kartoffeln schälen und ebenfalls in Stücke schneiden.

2 In einem großen Topf die Margarine zerlassen und die Zwiebeln mit dem Lauch und dem Majoran darin glasig anschwitzen. Das Gemüse dazugeben und etwa 3 Minuten mit anbraten. Mit der Gemüsebrühe auffüllen, die Hafersahne angießen und alles bei mittlerer Temperatur etwa 20 Minuten köcheln lassen.

3 In der Zwischenzeit den weißen bis hellgrünen Teil der Frühlingszwiebeln in feine Ringe schneiden. Den Knoblauch schälen und durch die Presse drücken. Die Tomaten auf Küchenpapier abtropfen lassen und klein hacken. In einer kleinen beschichteten Pfanne das Olivenöl erhitzen und die Frühlingszwiebeln mit dem Knoblauch, den Tomaten, der Zitronen- und Orangenschale, dem Zucker und dem Estragon darin bei mittlerer Hitze 1–2 Minuten durchschwenken.

4 Die Majoranzweige entfernen und den Steckrübeneintopf mit Zucker, Muskatnuss, Zitronensaft, Salz und Pfeffer herzhaft abschmecken. Die Suppe auf tiefe Teller verteilen, jeweils 1 EL der Tomaten-Frühlingszwiebel-Mischung aus der Pfanne in die Mitte setzen und den Eintopf heiß servieren.

BLÄTTERTEIGTASCHEN MIT PIKANTER PILZCREMEFÜLLUNG

Ergibt 20 Stück

1 Packung	veganer TK-Blätterteig (10 Platten)
1	mittelgroße Zwiebel
1	Knoblauchzehe
200 g	Champignons (alternativ auch Austern- oder Shiitake-Pilze)
2 EL	Olivenöl
3 EL	Mandelmus
40 ml	veganer trockener Weißwein
100 g	Dinkelsahne
2 EL	gehackte Petersilie
	geriebene Muskatnuss
	Salz, frisch gemahlener schwarzer Pfeffer
1–2 EL	Hafersahne zum Bestreichen
1–2 EL	gehackte Mandelkerne zum Bestreuen

Zubereitung: 30 Minuten

1 Den Backofen auf 200 °C Umluft vorheizen. Ein Backblech mit Backpapier auslegen, die Blätterteigplatten darauf nebeneinander ausbreiten und etwas antauen lassen. In der Zwischenzeit die Zwiebeln und den Knoblauch schälen und in feine Würfel schneiden. Die Pilze putzen, mit Küchenpapier trocken abreiben und ebenfalls fein würfeln.

2 In einer Pfanne das Olivenöl erhitzen und die Zwiebel darin glasig andünsten. Die Pilze dazugeben und einige Minuten anbraten. Das Mandelmus untermischen und mit dem Knoblauch kurz mitbraten. Mit dem Weißwein ablöschen und die Dinkelsahne einrühren. Alles kurz aufkochen lassen, die Petersilie untermischen und mit Muskatnuss, Salz und Pfeffer pikant abschmecken.

3 Währenddessen die angetauten Blätterteigplatten quer halbieren und zu gleich großen Vierecken (etwa 10 × 10 cm) ausrollen. Mittig darauf jeweils 1–2 EL Pilzsauce setzen. Die Teigquadrate jeweils Spitze auf Spitze zu Dreiecken zusammenklappen und die Ränder mit den Zinken einer Gabel vorsichtig andrücken.

4 Die Oberseite der Teigtaschen mit etwas Hafersahne bestreichen, mit gehackten Mandeln bestreuen und die Taschen im heißen Ofen auf mittlerer Schiene etwa 15 Minuten backen, bis der Blätterteig goldbraun ist. Die Blätterteigtaschen sind sowohl warm als auch kalt sehr lecker.

OFENKARTOFFELN MIT QUARKCREME

Außen knusprig, innen leicht und locker – Ofenkartoffeln sind nicht nur preisgünstig, sondern auch sehr nahrhaft und mit dieser köstlichen Füllung ein Genuss. Perfekt zum Lunch, als leichtes Abendessen oder auf dem Partybuffet.

Für 4 Personen

750 g	Sojajoghurt
4	Backkartoffeln (à 250 g)
2	Knoblauchzehen
100 g	Hafersahne
	frisch gepresster Saft von ½ Zitrone
1 Prise	geriebene Muskatnuss
	Salz, frisch gemahlener weißer Pfeffer
200 g	geräucherter Tofu
2 EL	Sonnenblumenöl
1 Handvoll	Kresse

Zubereitung: 1 ½ Stunden + mindestens 6 Stunden Ruhezeit

1 Ein Sieb mit einem sauberen Küchentuch auslegen, den Joghurt hineingeben und das Sieb über eine Schüssel hängen. Den Joghurt darin mindestens 6 Stunden – am besten über Nacht – abtropfen lassen.

2 Den Backofen auf 200 °C Umluft vorheizen. Die Kartoffeln einzeln in ein Stück Alufolie einwickeln und im heißen Ofen 90 Minuten weich garen. In der Zwischenzeit den Knoblauch schälen und in feine Würfel schneiden. In einer Schüssel den abgetropften Sojajoghurt mit dem Knoblauch, der Hafersahne und dem Zitronensaft glatt rühren. Die Kresse dazugeben und unterheben. Mit Muskatnuss, Salz und Pfeffer abschmecken.

3 Den Räuchertofu mit Küchenpapier trocken tupfen und in Würfel schneiden. In einer Pfanne das Öl erhitzen und die Tofuwürfel darin rundherum anbraten. Herausnehmen und auf Küchenpapier abtropfen lassen.

4 Die Kartoffeln aus dem Ofen nehmen und die Alufolie an der Oberseite öffnen. Jede Knolle der Länge nach einschneiden und die beiden Hälften in der Folie leicht auseinanderdrücken. Die Kartoffeln auf Teller verteilen, mit jeweils 1 Klecks Quarkmischung füllen, mit den Tofuwürfeln bestreuen und mit der Kresse garniert servieren.

PROFI-TIPP:

Wer die Schale besonders knusprig mag, packt die Kartoffeln nicht in Folie, sondern schiebt sie, mit Olivenöl und Salz eingerieben, einfach so in den Ofen.

MOUSSAKA

Für 4 Personen

50 g	feine Sojaschnetzel
1 l	Gemüsebrühe
700 g	festkochende Kartoffeln
2	große Auberginen
5 EL	Olivenöl
	Salz, frisch gemahlener schwarzer Pfeffer
1	Zwiebel
1	Knoblauchzehe
4 EL	Tomatenmark
1 TL	dunkler Rohrohrzucker
2 kleine Dosen	gehackte Tomaten (à 400 g)
1 Prise	gemahlener Zimt
½ TL	gemahlener Kreuzkümmel
½ TL	gemahlener Piment
¼ TL	getrocknetes Bohnenkraut
	Margarine zum Fetten der Form
	Grundrezept Nuss-Reibekäse zum Überbacken (s. S. 184)

Zubereitung: 1 ¼ Stunde

1 Die Sojaschnetzel in 500 ml Gemüsebrühe aufkochen, den Topf vom Herd nehmen und die Schnetzel zugedeckt 10 Minuten quellen lassen. Währenddessen die Kartoffeln schälen und mit den Auberginen in 1 cm dicke Scheiben schneiden.

2 In einer großen beschichteten Pfanne 2 EL Olivenöl erhitzen und die Kartoffelscheiben darin von beiden Seiten anbraten. Herausheben, auf Küchenpapier abtropfen lassen und etwas salzen. Die Auberginenscheiben in derselben Pfanne in 2 EL Öl rundherum anbraten. Ebenfalls auf Küchenpapier abtropfen lassen und salzen. Die Sojaschnetzel in ein Sieb abgießen und mit den Händen die Feuchtigkeit herausdrücken.

3 Die Zwiebel und den Knoblauch schälen und in feine Würfel schneiden. In einer Pfanne das restliche Olivenöl erhitzen und die Zwiebel mit dem Knoblauch darin glasig anschwitzen. Das Tomatenmark mit dem Zucker einrühren und leicht karamellisieren lassen. Die Dosentomaten angießen, die Sojaschnetzel hinzugeben und alles mit Zimt, Salz, Pfeffer, Kreuzkümmel, Piment und Bohnenkraut würzen. Die Tomatensauce bei niedriger Hitze 10 Minuten köcheln lassen.

4 Den Backofen auf 180 °C Umluft vorheizen. Eine Auflaufform mit Margarine einfetten und abwechselnd Kartoffelscheiben, Tomatensauce und Auberginen einschichten. Mit Auberginen abschließen, den Nuss-Reibekäse darauf verteilen und die Moussaka im heißen Ofen 45 Minuten garen.

5 Die Moussaka auf Teller verteilen und heiß servieren.

OSTFRIESISCHER BAUERNAUFLAUF MIT VEGANER WURST

Für 4 Personen

700 g	festkochende Kartoffeln
2 Stangen	Lauch
1	große Zwiebel
1	Knoblauchzehe
2 EL	Margarine + etwas mehr zum Fetten der Form
¼ TL	Kümmelsamen
½ TL	getrockneter Majoran
1 Prise	geriebene Muskatnuss
	Salz, frisch gemahlener weißer Pfeffer
200 g	veganer Käse zum Überbacken
100 g	Sojajoghurt (natur)
100 g	Hafersahne
2 EL	gehackte Petersilie
200 g	würzige vegane Wurst (z. B. Krakauer)

100% PFLANZLICH

Tofuwürstchen schmecken rauchig und können kalt als Snack, warm als Suppeneinlage und gegrillt gegessen werden.

Zubereitung: 45 Minuten

1 Die Kartoffeln gründlich abwaschen. Mit der Schale in ausreichend Salzwasser bei mittlerer Hitze in 20 Minuten gar kochen. Abgießen, ausdampfen lassen, pellen und in Scheiben schneiden. Den weißen bis hellgrünen Teil vom Lauch in dünne Ringe schneiden.

2 Die Zwiebel und den Knoblauch schälen und in feine Würfel schneiden. In einer Pfanne die Margarine erhitzen und die Zwiebel- und Knoblauchwürfel darin mit den Lauchringen anbraten. Die Kartoffelscheiben dazugeben und mit anbraten. Mit Kümmel, Majoran, Muskatnuss, Salz und Pfeffer würzig abschmecken.

3 Den Backofen auf 200 °C Umluft vorheizen. Eine Auflaufform mit Margarine einfetten und den Pfanneninhalt darin gleichmäßig verteilen. Den Käse reiben und mit dem Sojajoghurt und der Hafersahne glatt rühren. Die Petersilie untermischen. Die Wurst in Scheiben schneiden und auf der Kartoffelmischung verteilen. Den Auflauf im heißen Ofen 30 Minuten backen.

4 Den Bauernauflauf aus dem Ofen nehmen und sofort servieren.

PIKANTE REISPFANNE

Gemüse in bunten Farben und currygelber Reis – nicht nur ein Gaumen-, sondern auch ein Augenschmaus ist diese asiatisch inspirierte Reispfanne.

Für 4 Personen

250 g	Parboiled Reis
750 ml	Gemüsebrühe
1	mittelgroße rote Zwiebel
2	Frühlingszwiebeln
200 g	Tomaten
1	gelbe Paprikaschote, Stielansatz, Samen und Scheidewände entfernt
1	kleine Zucchini
200 g	geräucherter Tofu
3 EL	Olivenöl
2 TL	Currypulver
1 Prise	Zucker
100 g	TK-Erbsen
200 g	Dinkelsahne
1 EL	Sojasauce
	Salz, frisch gemahlener schwarzer Pfeffer

Zubereitung: 30 Minuten

1 Den Reis in der Gemüsebrühe nach Packungsanweisung gar kochen. In der Zwischenzeit die Zwiebel schälen und in feine Würfel schneiden. Den weißen bis hellgrünen Teil der Frühlingszwiebeln in Ringe schneiden. Die Tomaten vom Stielansatz befreien, halbieren, entkernen und das Fruchtfleisch in Würfel schneiden. Die Paprika und die Zucchini ebenfalls in gleich große Würfel schneiden. Den Tofu mit Küchenpapier trocken tupfen und ebenfalls würfeln.

2 In einer großen Pfanne das Olivenöl erhitzen und den Tofu darin von allen Seiten scharf anbraten. Aus der Pfanne nehmen und beiseitestellen. In derselben Pfanne nun die Zwiebel und die Frühlingszwiebel anbraten, dann das Currypulver und den Zucker einrühren. Die Paprika, die Zucchini, die Tomaten und die Erbsen dazugeben und 3–4 Minuten braten, dabei gelegentlich umrühren. Mit der Dinkelsahne auffüllen und alles kurz aufkochen lassen.

3 Den gar gekochten Reis abgießen und gut abtropfen lassen. Den Reis mit dem Tofu in der Pfanne vorsichtig unter das Gemüse heben. Die Reis-Gemüse-Mischung mit der Sojasauce, Salz und Pfeffer pikant abschmecken.

4 Die Reispfanne auf Tellern anrichten und servieren.

PROFI-TIPP:

Wenn es schnell gehen muss, lässt sich Seitan rasch aus einer Fertigmischung herstellen. Die ist im Bioladen, Reformhaus oder auch im Internet (etwa von Vantastic Foods) erhältlich.

TEX-MEX-BOHNENEINTOPF

Ein deftiger Seelenwärmer, für den natürlich der Tex-Mex-Klassiker Chili con Carne Pate stand.

Für 4 Personen

4	mittelgroße Kartoffeln
1	mittelgroße Zwiebel
200 g	Seitan
2 EL	Olivenöl
2 EL	Tomatenmark
2 kleine Dosen	gehackte Tomaten (à 400 g)
1 EL	mittelscharfer Senf
1 EL	Zuckerrübensirup
400 ml	Gemüsebrühe
1 kleine Dose	weiße Bohnen (180 g Abtropfgewicht)
1 kleine Dose	Kidneybohnen (180 g Abtropfgewicht)
¼ TL	gemahlener Kreuzkümmel
¼ TL	Cayennepfeffer (nach Belieben)
	Salz, frisch gemahlener schwarzer Pfeffer
2 EL	gehackte glatte Petersilie zum Bestreuen

Zubereitung: 45 Minuten

1 Die Kartoffeln gründlich abwaschen. Mit der Schale in ausreichend Salzwasser bei mittlerer Hitze 20 Minuten gar kochen. Abgießen, ausdampfen lassen, pellen, der Länge nach halbieren und warm halten.

2 Die Zwiebel schälen und mit dem Seitan in Würfel schneiden. In einem großen Topf das Olivenöl erhitzen und die Zwiebel- und Seitanwürfel darin bei mittlerer Hitze rundherum anbraten. Das Tomatenmark einrühren und kurz mitrösten. Mit den Dosentomaten auffüllen und den Senf mit dem Zuckerrübensirup dazugeben. Die Gemüsebrühe angießen, den Deckel auflegen, alles aufkochen und bei niedriger Hitze 15 Minuten köcheln lassen.

3 Beide Bohnensorten in ein Sieb abgießen, abspülen und abtropfen lassen. Die Bohnen zum Eintopf geben und weitere 10 Minuten mitgaren. Den Eintopf mit Kreuzkümmel, nach Belieben Cayennepfeffer, Salz und Pfeffer abschmecken.

4 Den Bohneneintopf auf Suppenteller verteilen, jeweils 2 Kartoffelhälften darauf anrichten und mit Petersilie bestreut servieren.

VOLLKORNNUDELN IN PILZSAUCE

Ein einfaches Alltagsgericht, das durch mediterrane Kräuter eine besondere Raffinesse erhält. Lavendelblüten sorgen außerdem für Farbe – schließlich isst das Auge mit!

Für 4 Personen

300 g	kleine braune Champignons
je 1	gelbe und rote Paprikaschote, Stielansatz, Samen und Scheidewände entfernt
2	Schalotten
500 g	Vollkornnudeln (z. B. Penne)
3 EL	Olivenöl
1 Zweig	Rosmarin
2 EL	Weizenmehl
50 ml	veganer Weißwein
500 ml	Gemüsebrühe
200 g	Dinkelsahne
2 EL	Hefeflocken
1 TL	Majoranblättchen + etwas mehr zum Servieren
1 TL	Paprikapulver edelsüß
	Salz
	Cayennepfeffer
	getrocknete Lavendelblüten zum Servieren (nach Belieben)

Zubereitung: 30 Minuten

1 Die Champignons putzen und – sofern nötig – mit Küchenpapier trocken abreiben. Die Stielansätze abschneiden und die Pilze vierteln. Die Paprikaschoten in schmale Streifen schneiden. Die Schalotten schälen und in feine Würfel schneiden.

2 In einem großen Topf reichlich Salzwasser aufkochen und die Nudeln darin nach Packungsanweisung bissfest kochen.

3 In der Zwischenzeit in einer beschichteten Pfanne das Olivenöl erhitzen, den Rosmarinzweig und die Schalotten dann im heißen Öl glasig schwitzen. Die Champignonviertel dazugeben und 2–3 Minuten mitbraten. Die Paprikastreifen hinzufügen und ebenfalls kurz anbraten. Den Pfanneninhalt mit dem Mehl bestäuben und anschwitzen. Mit dem Weißwein ablöschen. Wenn die Flüssigkeit fast verkocht ist, die Gemüsebrühe angießen und die Sauce unter gelegentlichem Rühren bei mittlerer Hitze 5 Minuten köcheln lassen.

4 Den Rosmarinzweig entfernen, aber nicht wegwerfen. Die Dinkelsahne, die Hefeflocken und die Majoranblättchen in die Sauce rühren und mit Paprikapulver, Salz und Cayennepfeffer abschmecken. Die Nudeln in ein Sieb abgießen, tropfnass zur Sauce in die Pfanne geben und unterheben.

5 Die Vollkornnudeln mit der Sauce auf Teller verteilen und mit Majoranblättchen und Rosmarinnadeln garnieren. Nach Belieben einige Lavendelblüten zwischen den Fingern zerreiben und das Gericht damit bestreut servieren.

TOPINAMBUR-KARTOFFEL-PFANNE MIT MANDELMUS ÜBERBACKEN

Für 4 Personen

600 g	festkochende Kartoffeln
200 g	geräucherter Tofu
2	Möhren
800 g	Topinambur
2 EL	Olivenöl + etwas mehr zum Fetten der Form
2	mittelgroße Zwiebeln
50 ml	veganer trockener Weißwein
500 ml	Gemüsebrühe
250 g	Hafersahne
8 EL	Hefeflocken
1 Msp.	geriebene Muskatnuss
	Salz, frisch gemahlener weißer Pfeffer
100 g	Mandelmus

Zubereitung: 40 Minuten

1 Die Kartoffeln gründlich abwaschen. Mit der Schale in ausreichend Salzwasser bei mittlerer Hitze 20 Minuten gar kochen. Abgießen, ausdampfen lassen, pellen und in Scheiben schneiden.

2 Den Räuchertofu mit Küchenpapier trocken tupfen und in Würfel schneiden. Die Möhren und den Topinambur schälen und in grobe Stücke schneiden. In einer großen Pfanne das Olivenöl erhitzen und die Tofuwürfel darin rundherum anbraten. Die Zwiebeln schälen, in feine Würfel schneiden, dazugeben und ebenfalls anschwitzen. Die Möhren- und Topinamburstücke ebenfalls mit anschwitzen. Mit dem Weißwein ablöschen, Gemüsebrühe und Sahne aufgießen und alles bei mittlerer Hitze 15 Minuten köcheln lassen. Die Kartoffelscheiben unterheben und mit den Hefeflocken, Muskatnuss, Salz und Pfeffer abschmecken.

3 Den Backofen auf 180 °C Umluft vorheizen. Eine Auflauffom mit etwas Olivenöl einfetten und den Pfanneninhalt darin gleichmäßig verteilen. Das Mandelmus mit 100 ml Wasser glatt rühren und auf der Kartoffel-Topinambur-Mischung verteilen. Den Auflauf im heißen Ofen etwa 10 Minuten überbacken, bis die Oberfläche schön gebräunt ist.

4 Die Topinambur-Kartoffel-Pfanne aus dem Ofen nehmen und sofort servieren.

GEFÜLLTE AUBERGINEN ORIENTALISCHE ART

Für 4 Personen

4	mittelgroße oder 2 große Auberginen (1 kg)
6	Tomaten (500 g)
2 Stangen	Staudensellerie (100 g)
2	mittelgroße Zwiebeln
2	Knoblauchzehen
4 EL	Olivenöl + etwas mehr zum Fetten der Form
2 EL	gehackte Petersilie + mehr zum Bestreuen
½ TL	gemahlener Zimt
½ TL	Ras el-Hanout
1 EL	Granatapfelsirup
1 TL	Zucker
	Salz, frisch gemahlener weißer Pfeffer
	frisch gepresster Saft von ½ Zitrone
50 g	gemahlene Mandeln
	geröstete Mandelblättchen zum Bestreuen (nach Belieben)

Zubereitung: 1 Stunde

1 Den Backofen auf 180 °C Umluft vorheizen. Die Auberginen der Länge nach halbieren. Auf einem Backblech mit der Hautseite nach unten im heißen Ofen 15 Minuten backen.

2 Die Auberginen leicht abkühlen lassen. Mit einem Teelöffel (nach Bedarf ein kleines Messer zu Hilfe nehmen) aushöhlen, dabei einen ca. 2 cm breiten Rand stehen lassen. Das ausgelöste Fruchtfleisch hacken. Die Tomaten auf der Unterseite kreuzweise einritzen, vom Stielansatz befreien und mit kochendem Wasser überbrühen, dann häuten und in 1 cm große Würfel schneiden. Die Selleriestangen fein würfeln. Die Zwiebeln schälen und in feine Würfel schneiden. Den Knoblauch schälen und durch die Presse drücken. In einer Pfanne 2 EL Olivenöl erhitzen und die Zwiebelwürfel darin 5 Minuten bei niedriger Hitze glasig schwitzen. Den Knoblauch und den Sellerie dazugeben, Deckel auflegen und das Ganze bei niedriger Hitze 5 Minuten dünsten.

3 Das gehackte Auberginenfleisch, die Tomaten mit der Petersilie, dem Zimt, dem Ras el-Hanout und dem Granatapfelsirup dazugeben und alles mit Zucker, Salz und Pfeffer sowie Zitronensaft abschmecken. Die Masse 5 Minuten weiterdünsten, dann die gemahlenen Mandeln unterrühren.

4 Den Backofen erneut auf 180 °C Umluft vorheizen. Eine ausreichend große Auflaufform mit etwas Olivenöl einpinseln. Die Auberginen innen mit Salz und Pfeffer würzen und in die Auflaufform setzen. Die Auberginen mit der Gemüsemischung füllen, mit dem restlichen Öl beträufeln und im heißen Ofen 30 Minuten backen.

5 Die gefüllten Auberginen auf Teller verteilen und mit etwas Petersilie sowie gerösteten Mandelblättchen nach Belieben bestreut servieren. Dazu schmeckt Reis oder selbst gebackenes Fladenbrot.

SOJA & CO.

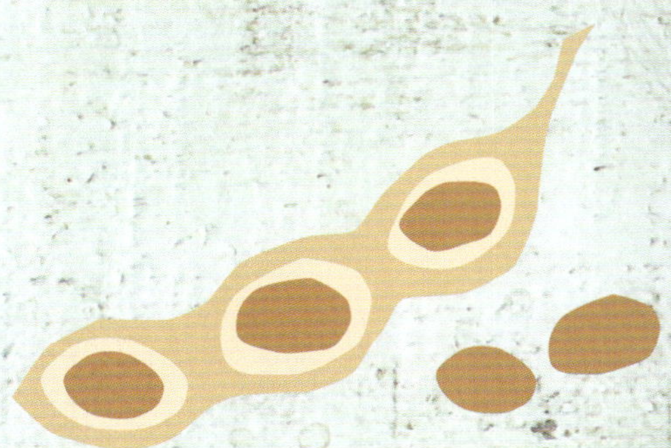

Soja, Weizen und Hülsenfrüchte bieten eine biologisch hochwertige Alternative zu proteinhaltigen tierischen Produkten und senken die Blutfettwerte. Die Auswahl an Ersatzprodukten für Fleisch, Fisch und Wurst ist groß:

TOFU

Tofu besteht aus Sojabohnen, Wasser und einem Gerinnungsmittel (meist Nigari oder Calciumsulfat). Es gibt ihn in unterschiedlicher Konsistenz zu kaufen. Seidentofu hat eine cremig-zarte Textur und ist zum Pürieren geeignet. Er dient zur Zubereitung von Desserts, wird traditionell aber auch für Suppen verwendet. Halbfester und fester Tofu eignet sich für Schnitzel und Geschnetzeltes, zum Grillen oder zerbröckelt für Suppen und Pfannengerichte.
Naturbelassener Tofu ist eher geschmacksneutral. Er kann je nach Wunsch mariniert und dann weiterverarbeitet werden. Auch bereits gewürzte und marinierte Tofusorten sind erhältlich; besonders schmackhaft ist Räuchertofu, den es auch mit Sesam, Mandeln, Algen und weiteren Zusätzen gibt. Curry-Tofu oder Tofu süß-sauer eignen sich, wie die Namen verraten, insbesondere für exotische Gerichte. Veganen Fischfilets sind Seetang oder Braunalgenpulver zugesetzt, die für den meeresfrischen Geschmack sorgen.
100 Gramm Naturtofu enthalten etwa 10-15 Gramm Eiweiß, je nach Hersteller.

SOJA-GRANULAT, SOJA-GESCHNETZELTES

Das getrocknete Granulat oder Sojafleisch besteht aus reinem Soja und eignet sich wegen seiner festen Konsistenz besonders für vegane Bolognese, für Pfannengerichte, für vegane Burger und Gemüsefüllungen. Getrocknetes Soja-Granulat nach Packungsangabe in Gemüsebrühe aufkochen und quellen lassen.
100 Gramm Trockenprodukt enthalten ca. 50 Gramm Eiweiß.

TEMPEH

Tempeh besteht aus fermentiertem Soja, ist in verschiedenen Varianten von naturbelassen bis zu geräuchert erhältlich und kann roh gegessen oder gebraten werden. 100 Gramm Tempeh enthalten durchschnittlich 16,5 Gramm Eiweiß.

SEITAN

Seitan besteht aus Weizengluten. Das Pulver wird mit Wasser angerührt, geknetet und gewürzt. Fertige Seitanprodukte gibt es als Würstchen, Burger, Schnitzel und in verschiedensten Geschmacksrichtungen von Natur bis BBQ-Ente zu kaufen. 100 Gramm Seitan enthalten durchschnittlich 28 Gramm Eiweiß.

LUPINE

Süßlupinen gelten seit Hunderten von Jahren als hochwertige Eiweißquelle. In der Zusammensetzung ähnelt das Eiweiß der Hülsenfrucht dem Soja-Eiweiß und wird gern bei Soja-Unverträglichkeit verwendet. Lupinen sind reich an Vitaminen und Eisen; auch hier sind unterschiedliche Produkte auf Lupinenbasis, wie Burger, Geschnetzeltes oder Filet, erhältlich. Der Eiweißgehalt ist höher als beim Tofu und variiert je nach Produkt zwischen 20 und 25%.

WURST, AUFSCHNITT UND BROTAUFSTRICHE

Wurstvariationen bestehen aus Soja- und/oder Weizeneiweiß. Die Auswahl reicht von Knackwurst, Bratwurst, Krakauer, Schinken, Leberkäse, Lyoner, Pfefferwurst, Chorizo über Veggie-Salami bis hin zu Hanf-Bars. Veganer Aufschnitt wird auf Räuchertofu- oder Weizenbasis hergestellt.

Vegane Brotaufstriche werden auf der Basis von Nährhefe und Tofu oder hefefrei auf Sonnenblumenöl-Basis angeboten. Unterschiedliche Geschmacksrichtungen wie »naturell«, »Shiitake« sowie Spezialitäten wie Pfifferlingpastete und Rucola-Aufstrich sorgen für Abwechslung auf dem Brot.

WENN SIE BEEINDRUCKEN WOLLEN

REZEPTE FÜR PARTY UND GÄSTE:
HÄPPCHEN UND SÜPPCHEN, FEINES UND HANDFESTES,
KEBAB UND BURGER – PARTY LIKE A VEGAN!

MÖHREN-INGWER-SUPPE

Diese Möhrensuppe ist eine richtige Vitaminbombe, die durch Gewürze und Kokosmilch außerdem jede Menge Asia-Flair verströmt.

Für 4 Personen

1 kg	Möhren
1	mittelgroße Zwiebel
1 Stück	Ingwer (5 cm)
3 EL	Olivenöl
½ TL	gemahlener Zimt
1 EL	mildes Currypulver
1 TL	Rohrohrzucker
	frisch gepresster Saft von 2 Orangen
1 l	Gemüsebrühe
100 ml	Kokosmilch
	Salz, frisch gemahlener schwarzer Pfeffer
100 g	Sojajoghurt (natur)
¼ TL	bunte Pfefferkörner
2 EL	frisch gehacktes Koriandergrün

Zubereitung: 40 Minuten

1 Die Möhren schälen und in Würfel schneiden. Die Zwiebel und den Ingwer schälen und fein würfeln. In einem Topf das Olivenöl erhitzen und die Zwiebeln darin glasig dünsten. Zimt, Currypulver und Zucker hinzufügen und bei mittlerer Hitze mitbraten, bis der Zucker leicht karamellisiert – dabei darauf achten, dass die Gewürze nicht verbrennen. Die Möhren- und Ingwerwürfel hinzufügen, untermischen und 2 Minuten mitschwitzen. Mit dem Orangensaft ablöschen und mit der Gemüsebrühe auffüllen, den Deckel auflegen und alles bei mittlerer Hitze 15 Minuten garen.

2 Mit dem Stabmixer die Suppe pürieren – nach Belieben cremig oder noch leicht stückig. Die Kokosmilch einrühren und die Suppe mit Salz und Pfeffer und abschmecken. Den Sojajoghurt glatt rühren. Die bunten Pfefferkörner im Mörser leicht zerstoßen.

3 Die Suppe auf Teller verteilen, jeweils 1 Klecks Joghurt daraufsetzen und mit buntem Pfeffer und gehacktem Koriander bestreut servieren. Dazu passt frisch gebackenes Pitabrot (s. S. 185).

KRESSESCHAUMSUPPE MIT KRÄUTERCROUTONS

Für 4 Personen

Für die Suppe

2 Kästchen	frische Kresse
1	mittelgroße Zwiebel
1	Knoblauchzehe
2 EL	Margarine
3 EL	Weizenmehl
50 ml	veganer trockener Weißwein
500 ml	Gemüsebrühe
100 ml	Hafersahne
1 Prise	Zucker
	Salz, frisch gemahlener schwarzer Pfeffer

Für die Kräutercroûtons

1	Knoblauchzehe
100 g	Toastbrot
3 EL	Margarine
1 EL	frisch gehackte Petersilie
1 EL	frisch geschnittene Schnittlauchröllchen

Zubereitung: 30 Minuten

1 Ein Viertel der Kresse als Garnitur beiseitestellen. Die restliche Kresse grob hacken. Die Zwiebel und den Knoblauch schälen und in feine Würfel schneiden.

2 In einem großen Topf die Margarine zerlassen und die Zwiebel- und Knoblauchwürfel darin glasig andünsten. Mit dem Mehl bestäuben und so lange rühren, bis die Mischung zu schäumen beginnt. Mit dem Weißwein ablöschen. Wenn die Flüssigkeit fast vollständig verkocht ist, die Gemüsebrühe zugeben. Alles aufkochen und bei niedriger bis mittlerer Hitze 10 Minuten köcheln lassen.

3 In der Zwischenzeit für die Croûtons den Knoblauch schälen. Die Toastbrotscheiben in 1 cm große Würfel schneiden. In einer beschichteten Pfanne die Margarine zerlassen, die Brotwürfel dazugeben, mit Salz und Pfeffer würzen und bei mittlerer Hitze unter häufigem Wenden rundherum knusprig anrösten. Kurz bevor sie fertig sind, die Petersilie und den Schnittlauch hinzugeben.

4 Die Hälfte der gehackten Kresse mit der Hafersahne in die Suppe geben und mit dem Stabmixer kräftig pürieren, bis auf der Oberfläche eine Schaumkrone entsteht. Die übrige gehackte Kresse unterziehen und die Suppe mit Zucker, Salz und Pfeffer abschmecken.

5 Die Suppe auf Suppenteller oder -schüsseln verteilen und mit der restlichen Kresse und Kräutercroûtons garniert servieren.

LAUCHKUCHEN

PROFI-TIPP:

Das Beschweren des Teigs mit Hülsenfrüchten während des Blindbackens verhindert, dass der Teig Blasen wirft. Das Blindbacken selbst sorgt dafür, dass die Füllung den Teig nicht durchweicht und er seine Form behält.

Für 6 Personen

Für den Teig

300 g	Weizenmehl (Type 405)
1 EL	Sojamehl
1 TL	Backpulver
150 g	kalte Magarine
1 Prise	Salz

Für die Füllung

2 Stangen	Lauch
1	mittelgroße Zwiebel
150 g	Sojaschinken
2 EL	Olivenöl
250 g	Sojasahne
2 EL	Speisestärke
1 Prise	geriebene Muskatnuss
	Salz, frisch gemahlener schwarzer Pfeffer
150 g	veganer Käse, gerieben

Außerdem

1	große Quicheform (Ø 28 cm) oder 6 kleine Tortelettformen (Ø 10 cm)
1 EL	Margarine zum Fetten der Form(en)
1 Päckchen	getrocknete Hülsenfrüchte (z. B. Erbsen) zum Blindbacken

Zubereitung: 50 Minuten + 1 Stunde Ruhezeit

1 Beide Mehlsorten mit dem Backpulver in eine Schüssel sieben und die Margarine in Flöckchen hinzufügen. Das Salz sowie 6–8 EL kaltes Wasser dazugeben und alle Zutaten zügig zu einem homogenen Teig verkneten. Diesen zu einer Kugel formen, in Klarsichtfolie wickeln und im Kühlschrank mindestens 1 Stunde ruhen lassen.

2 In der Zwischenzeit den Lauch längs halbieren und den weißen bis hellgrünen Teil in schmale Ringe schneiden. Die Zwiebel schälen und in feine Würfel schneiden. Den Sojaschinken ebenfalls würfeln. In einer Pfanne das Olivenöl erhitzen und die Zwiebel mit dem Lauch und dem Schinken darin 5 Minuten anbraten. In einem kleinen Topf die Sojasahne aufkochen. Die Speisestärke mit 3 EL kaltem Wasser glatt rühren und die Sahne damit unter Rühren andicken. Die Sahne mit dem Pfanneninhalt mischen und mit Muskatnuss, Salz und Pfeffer würzig abschmecken. Abgedeckt beiseitestellen.

3 Den Backofen auf 180 °C Umluft vorheizen. Die Form(en) fetten. Die Arbeitsfläche mit einem Stück Backpapier auslegen und den Teig darauf 7 mm dick rund (Ø 34 cm) ausrollen. Die Teigplatte mithilfe des Backpapiers in die Quicheform heben – dabei das Backpapier wieder herausziehen –, in die Form einpassen und an den Rändern ein wenig andrücken. Den Teigboden mit einer Gabel mehrfach einstechen, ein passend zurechtgeschnittenes Stück Backpapier auflegen und dieses mit den getrockneten Hülsenfrüchten beschweren. Im heißen Ofen 10 Minuten backen. Herausnehmen und die Hülsenfrüchte sowie das Backpapier entfernen.

4 Die Lauch-Sahne-Mischung auf dem Teigboden verteilen, mit dem veganen Käse bestreuen und den Lauchkuchen für weitere 20–30 Minuten im heißen Ofen backen, bis er schön gebräunt ist.

5 Den Lauchkuchen ein wenig abkühlen lassen, auf Tellern anrichten und servieren. Dazu passt ein grüner Salat.

SAFRANRISOTTO MIT GEBRATENEN STEINPILZEN

Für 4 Personen

1 l	Gemüsebrühe
2	Schalotten
300 g	frische Steinpilze
6–8 EL	hochwertiges Olivenöl
400 g	Basmati-Naturreis
100 ml	veganer trockener Weißwein
1 Döschen oder Tütchen	Safranfäden (2 g)
1 Bund	Petersilie
	Salz, frisch gemahlener schwarzer Pfeffer
100 g	Sojasahne
150 g	passierte Tomaten

Zubereitung: 30 Minuten

1 900 ml Gemüsebrühe erhitzen und bei niedriger Hitze ziehen lassen. Die Schalotten schälen und in feine Würfel schneiden. Die Steinpilze putzen und, sofern nötig, mit Küchenpapier trocken abreiben und in Scheiben schneiden.

2 In einem Topf die Hälfte des Olivenöls erhitzen und die Schalottenwürfel darin glasig schwitzen. Den Reis dazugeben und unter ständigem Rühren 3 Minuten mitschwitzen, bis er leicht glasig ist. Mit dem Weißwein ablöschen. Wenn die Flüssigkeit fast vollständig aufgenommen ist, kellenweise die Gemüsebrühe angießen. Diesen Vorgang regelmäßig wiederholen, bis der Reis fertig gegart ist. Dies dauert 15–20 Minuten. Mit der letzten Kelle Brühe den Safran hinzufügen.

3 Während der Reis gart, die Blättchen von den Petersilienstielen zupfen und fein hacken. In einer Pfanne das restliche Olivenöl erhitzen und die Steinpilzscheiben von beiden Seiten darin anbraten. Die Pilze mit Salz und Pfeffer würzen, herausheben und beiseitestellen und warm halten. Jetzt die Sojasahne mit 100 ml Gemüsebrühe in der Pfanne erhitzen, die passierten Tomaten einrühren und alles 5 Minuten köcheln lassen.

4 Den Reis auf tiefe Teller verteilen, die Tomatensahne mit den Pilzen darauf anrichten und den Safranrisotto mit Petersilie bestreut servieren.

PROFI-TIPP:

Für einen Risotto den Reis vor der Verwendung auf keinen Fall abspülen. Die an den Körnern anhaftende Stärke macht die Masse schön cremig.

VEGANES »KÄSE«-FONDUE MIT FRISCHEM BAGUETTE

Für 4 Personen

Für das Fondue

- 50 g Hefeflocken
- 1 Knoblauchzehe
- 1–2 EL Speisestärke
- 600 ml Gemüsebrühe
- 200 ml veganer Weißwein
- 2 TL Dijon-Senf
- 2 EL helles Mandelmus
- 100 ml Rapsöl
- 1 kräftige Prise frisch geriebene Muskatnuss
- 1 Prise Zucker
- Salz, frisch gemahlener weißer Pfeffer

Außerdem

- 1 Käsefondue-Set (Caquelon, Rechaud, Fonduegabeln)
- 2 Baguettebrote
- Mixed Pickles, rohe oder blanchierte Gemüsestücke (z. B. Staudensellerie oder Brokkoli) oder Pilze (z. B. Champignons) nach Belieben

Zubereitung: 10 Minuten + 1 Stunde Wartezeit

1 Falls man einen Caquelon aus Ton verwendet, diesen in kaltes Wasser legen, damit sich der Ton vollsaugen kann.

2 In einer beschichteten Pfanne die Hefeflocken ohne Fett 1 Minute anrösten, bis sie zu duften beginnen und leicht bräunen. Direkt in eine kleine Schüssel oder auf einen Teller umfüllen, damit sie nicht verbrennen. Den Knoblauch schälen, halbieren und damit zunächst den Caquelon ausreiben. Die Speisestärke mit etwas kaltem Wasser glatt rühren. Die Knoblauchzehe durch die Presse drücken und in einem ausreichend großen Topf mit den Hefeflocken, der Gemüsebrühe, dem Weißwein, dem Senf, dem Mandelmus und dem Öl bei niedriger Hitze aufkochen. Die Speisestärke einrühren und die Masse köcheln lassen, bis sie die gewünschte cremige Konsistenz erreicht hat. Mit Muskatnuss, Zucker, Salz und Pfeffer abschmecken.

3 Das Baguette in mundgerechte Würfel schneiden. Die Fonduemasse in den Caquelon umfüllen und das Fondue mit dem Brot auf den Tisch bringen. Nach Belieben dazu auch Mixed Pickles, Gemüsestücke oder Champignons aufspießen, eintauchen und genießen.

100% PFLANZLICH

Omega-3-Fettsäuren sind für den Menschen essenziell und an der Bildung von körpereigenen Abwehrzellen beteiligt; Studien zufolge schützen sie auch vor Herzerkrankungen. Die Fettsäuren sind in Pflanzenölen, insbesondere Raps-, Lein- und Hanföl, enthalten. 2 EL Rapsöl decken den Tagesbedarf an Omega-3.

PROFI-TIPP:

Den Räuchertofu nicht zu lange in der Pfanne lassen, da er ansonsten schnell dunkel wird und dann bitter schmeckt und sehr trocken werden kann.

FELDSALAT MIT RÄUCHERTOFUSTREIFEN

Der feine Feldsalat präsentiert sich hier ganz neu: Krosser Räuchertofu sorgt für eine pikante Note, eine Mango steuert fruchtige Süße bei.

Für 4 Personen

Für den Salat

100 g	geräucherter Tofu
2 EL	Olivenöl
400 g	Feldsalat
1	Mango

Für das Dressing

1	mittelgroße rote Zwiebel
1	Knoblauchzehe
1 EL	Weißweinessig
2 EL	mildes Olivenöl
	frisch gepresster Saft von ½ Zitrone
1 Prise	Zucker
	Salz, frisch gemahlener schwarzer Pfeffer
½	Mango
100 ml	Balsamico-Essig
50 g	Zucker

Zubereitung: 20 Minuten

1 Für das Dressing die Zwiebel und den Knoblauch schälen und in feine Würfel schneiden. In einer Schüssel die Zwiebel- und die Knoblauchwürfel mit dem Weißweinessig, dem Olivenöl und dem Zitronensaft verrühren und mit Zucker, Salz und Pfeffer pikant abschmecken.

2 Das Fruchtfleisch von der halben Mango vom Stein schneiden und schälen. Die Hälfte des Fruchtfleischs in kleine Stücke schneiden und in einem hohen Gefäß mit dem Stabmixer pürieren. Wird die Masse zu fest, etwas Wasser zugeben. Den Balsamico-Essig und den Zucker in einem Topf aufkochen. Die Mischung bei niedriger Hitze einkochen lassen, bis ihre Konsistenz sirupartig wird.

3 In der Zwischenzeit den Tofu in Streifen schneiden. In einer Pfanne das Olivenöl erhitzen und den Tofu darin rundherum knusprig anbraten. Herausheben und auf Küchenpapier abtropfen lassen. Die restliche Mango in Spalten schneiden. Den Feldsalat zum Dressing in die Schüssel geben und alles sorgfältig mischen.

4 Auf jeden Teller mittig 1 Klecks Mangomus gleichmäßig verteilen. Das Balsamico-Dressing in Punkten auf den Fruchtspiegel setzen und mit einem Holzspieß kreisförmig durch die Punkte fahren, bis ein schönes Muster entsteht. Jeweils etwas Feldsalat auf den Saucenspiegel setzen und mit den Räuchertofustreifen und Mangospalten garniert servieren.

PROFI-TIPP:

Nori-Blätter stammen aus der japanischen Küche. Hier werden sie in erster Linie zur Herstellung von Sushirollen verwendet. Sie bestehen aus gerösteten Speisealgen, meist Rotalgen, und sind inzwischen in jedem besser sortierten Supermarkt erhältlich. Sie verleihen Gerichten einen würzigen Meeresgeschmack sowie den besonderen Pfiff. Sehr gut dazu passt übrigens auch gerösteter Sesam.

VEGGIE-HERINGSSALAT MIT RÄUCHERTOFU UND ROTER BETE

Für 4 Personen

Für den Salat

1 kg	festkochende Kartoffeln
1	rote Zwiebel
2	saure Äpfel
200 g	Räuchertofu
4	Rote Beten (vorgegart und vakuumiert)
1 kleines Glas	saure Gurken (370 ml)
2	Noriblätter

Für das Dressing

250 g	Hafersahne
2 EL	Gurkenwasser (Glas)
½ TL	Dijon-Senf
1–2 TL	Agavendicksaft
1 TL	frisch gepresster Zitronensaft
1 EL	Weißweinessig
1 Msp.	gemahlener Kümmel
	Salz, frisch gemahlener schwarzer Pfeffer
2 EL	frisch gehackter Dill + etwas mehr zum Bestreuen
	Zitronenspalten zum Garnieren

Zubereitung: 45 Minuten + 45 Minuten Wartezeit

1 Die Kartoffeln gründlich abwaschen, mit Schale in Salzwasser gar kochen. Anschließend abgießen, ausdampfen lassen, noch heiß pellen und in mundgerechte Würfel schneiden.

2 In der Zwischenzeit die Zwiebel schälen und in feine Würfel schneiden. Die Äpfel vierteln, das Kerngehäuse entfernen. Räuchertofu mit Küchenpapier trocken tupfen. Apfelstücke und Tofu in mundgerechte Würfel schneiden. Rote Bete abtropfen lassen und ebenfalls würfeln. Die Gurken abgießen, abtropfen lassen (dabei das Gurkenwasser auffangen) und fein würfeln. Die Noriblätter in feine Streifen schneiden oder in kleine Stücke zupfen. In einer großen Schüssel Kartoffeln, Zwiebel, Äpfel, Tofu, Rote Bete, Gurken und Noriblätter vermengen. Für das Dressing die Hafersahne mit dem Gurkenwasser, dem Senf, dem Agavendicksaft, dem Zitronensaft und dem Essig mischen und mit Kümmel, Salz und Pfeffer abschmecken. Das Dressing mit dem Dill verrühren und unter den Salat mischen, bis alle Zutaten davon gleichmäßig überzogen sind. Den Salat abgedeckt für 30 Minuten im Kühlschrank durchziehen lassen.

3 Den Veggie-Heringssalat mindestens 15 Minuten vor dem Verzehr aus dem Kühlschrank nehmen, noch einmal gut durchmischen, auf Teller verteilen, mit Zitronenspalten garnieren und mit Dillspitzen bestreut servieren.

MÖHRENSPAGHETTI MIT MILDER CHILI-VANILLE-SAUCE

Für 4 Personen

500 g	Spaghetti
100 g	Möhren
2	Zwiebeln
1	Knoblauchzehe
1–2	rote Chilischoten, längs halbiert und entkernt
1½ EL	Margarine
200 ml	Hafersahne
200 ml	Gemüsebrühe
1	Vanilleschote
2 TL	Speisestärke
1 Msp.	Paprikapulver edelsüß
	Meersalz, frisch gemahlener schwarzer Pfeffer
	frisch gehackte Petersilie oder Möhrengrün zum Bestreuen

Zubereitung: 30 Minuten

1 In einem großen Topf reichlich Salzwasser aufkochen und die Spaghetti darin nach Packungsanweisung bissfest kochen.

2 In der Zwischenzeit die Möhren schälen, der Länge nach erst in dünne Scheiben und dann in feine Streifen schneiden. Die Zwiebeln und den Knoblauch schälen und in feine Würfel schneiden. Die Chilischote(n) ebenfalls fein würfeln.

3 In einer Pfanne die Margarine erhitzen und die Zwiebel mit dem Knoblauch und der Chilischote darin bei mittlerer Hitze anschwitzen. Die Möhrenstreifen dazugeben und 3 Minuten mitgaren.

4 Die Hafersahne und die Brühe langsam einrühren und alles kurz aufkochen. Die Vanilleschote der Länge nach einritzen und das Mark herauskratzen. Das Vanillemark mitsamt Schote in die Sauce geben und darin 5 Minuten ziehen lassen. Die Speisestärke mit etwas kaltem Wasser glatt rühren und die Sauce damit abbinden. Mit Paprikapulver, Salz und Pfeffer abschmecken.

5 Die ausgekratzte Vanilleschote aus der Sauce entfernen. Die fertig gekochten Nudeln in ein Sieb abgießen, tropfnass zur Sauce in die Pfanne geben und vorsichtig unterheben, bis alles gut miteinander vermischt ist. Die Nudeln auf Teller verteilen und mit etwas Petersilie oder Möhrengrün bestreut servieren.

PROFI-TIPP:

Darf es etwas schärfer sein? Chilischoten, die kleinen Schwestern der Paprika, verleihen Gerichten Feuer. Aber sie können noch viel mehr: Die enthaltenen ätherischen Öle und sekundären Pflanzenstoffe machen sie zu einer sehr gesunden Zutat, weil sie durch ihre antibakterielle und antioxidative Wirkung unsere Zellen vor schädlichen Radikalen schützen.

PIKANT BELEGTER PFANNKUCHEN MIT MINZE-JOGHURT-DIP

Für 4 Personen

Für die Pfannkuchen

400 g	Weizenmehl (Type 405)
1 Päckchen	Backpulver
750 ml	Mineralwasser mit Kohlensäure
	Salz
	Sonnenblumenöl zum Anbraten

Für den Dip

1 Stück	Ingwerwurzel (3 cm)
400 g	Sojajoghurt (natur)
2 EL	Hafersahne
1 Spritzer	frisch gepresster Zitronensaft
1 Prise	Zucker
	Salz, frisch gemahlener schwarzer Pfeffer
1 EL	frische, sehr fein gehackte Minze + einige Blättchen zum Garnieren

Für den Belag

250 g	Kirschtomaten
3	rote Spitzpaprika, Stielansatz, Samen und Scheidewände entfernt
6	Lauchzwiebeln
2 EL	Sonnenblumenöl
1 Prise	Zucker
	Salz, frisch gemahlener weißer Pfeffer

Zubereitung: 45 Minuten

1 Für den Pfannkuchenteig das Mehl mit dem Backpulver in eine Schüssel sieben und mit Mineralwasser und Salz verrühren, bis ein glatter Teig entstanden ist. Die Schüssel abdecken und den Teig 15 Minuten ruhen lassen.

2 In der Zwischenzeit für den Dip den Ingwer dünn schälen und fein reiben. In einem hohen Gefäß den Joghurt mit der Sahne und dem Ingwer mischen. Das Ganze mit dem Stabmixer cremig pürieren und mit Zitronensaft, Zucker, Salz und Pfeffer abschmecken. Anschließend die gehackte Minze unter das Dressing rühren.

3 Für den Belag die Kirschtomaten halbieren, die Spitzpaprika in Streifen schneiden. Den weißen bis hellgrünen Teil der Lauchzwiebeln in Ringe schneiden. In einer Pfanne das Öl erhitzen und die Frühlingszwiebeln darin bei mittlerer Hitze glasig schwitzen. Die Paprika hinzufügen und 1 Minute mit anbraten. Die Kirschtomaten dazugeben und bei niedriger Hitze 3 Minuten garen. Mit Zucker, Salz und Pfeffer würzen.

4 In einer beschichteten Pfanne 1 EL Öl erhitzen und 1 Kelle Pfannkuchenteig in die Mitte geben, die Pfanne eventuell ein wenig drehen und schwenken, um den Teig gleichmäßig zu verteilen. Wenn die Teigränder sichtbar fest und etwas braun geworden sind, den Pfannkuchen auf einen Teller gleiten lassen. 2 EL Tomaten-Paprika-Mischung in der Pfanne verteilen und den Pfannkuchen mit der noch nicht gebräunten Seite nach unten daraufgeben. Den Teig von dieser Seite ebenfalls goldbraun backen, herausnehmen und warm stellen. Diesen Vorgang wiederholen, bis der Teig aufgebraucht ist.

5 Die Pfannkuchen auf Tellern anrichten und mit Minzeblättchen garniert servieren. Separat dazu den Dip und die eventuell übrig gebliebene Gemüsemischung reichen.

DINKELSPAGHETTI MIT ZUCCHINI UND SESAMTOFU

Für 4 Personen

Für die Dinkelspaghetti

400 g	Dinkelspaghetti
2	mittelgroße Zucchini

Für den Sesamtofu

1	Zwiebel
250 g	geräucherter Tofu
4 EL	Sesamöl
1 TL	Reissirup
1 Msp.	Fünf-Gewürze-Pulver
	Salz, frisch gemahlener weißer Pfeffer
2 EL	Sesammus (Tahin)
300 ml	Gemüsebrühe
1 EL	Sojasauce
1 EL	frisch gepresster Limettensaft
1 TL	Speisestärke
2 EL	gehacktes Koriandergrün
1–2 EL	Gomasio oder geröstete Sesamsamen (nach Belieben)

Zubereitung: 30 Minuten

1 In einem großen Topf reichlich Salzwasser aufkochen und die Dinkelspaghetti darin nach Packungsanweisung bissfest kochen. Die Zucchini erst längs in dünne Scheiben und dann in ganz schmale Streifen schneiden – am besten mit einem Julienneschneider oder einem Spiralschneider.

2 In der Zwischenzeit die Zwiebel schälen und in feine Würfel schneiden. Den Räuchertofu mit Küchenpapier trocken tupfen und in mundgerechte Würfel schneiden. In einer Pfanne 2 EL Sesamöl erhitzen und die Zwiebel darin bei mittlerer Hitze glasig schwitzen. Den Tofu dazugeben und rundherum anbraten. Mit Reissirup, Fünf-Gewürze-Pulver, Salz und Pfeffer würzen.

3 Das Sesammus mit der Gemüsebrühe verrühren und den Tofu damit ablöschen. Die Sojasauce und den Limettensaft dazugeben und die Flüssigkeit bei mittlerer Hitze 3 Minuten köcheln lassen. Die Speisestärke mit etwas kaltem Wasser glatt rühren und die Sauce nach Belieben damit leicht abbinden. Abschließend den gehackten Koriander untermischen. Das restliche Sesamöl in einer zweiten Pfanne erhitzen und die Zucchinistreifen darin 1 Minute durchschwenken, bis sie heiß sind.

4 Die fertig gekochten Nudeln in ein Sieb abgießen, abtropfen lassen und auf Teller verteilen. Jeweils 1 kleine Handvoll Zucchinistreifen darauf anrichten und ein paar Löffel der Sauce mit dem Tofu darübergeben. Nach Belieben mit gerösteten Sesamsamen oder Gomasio bestreut servieren.

GEMÜSEKEBAB MIT FLADENBROT

Für 4 Personen

2	mittelgroße Auberginen
2	mittelgroße Zucchini
2	Paprikaschoten, Stielansatz, Samen und Scheidewände entfernt
	Salz, frisch gemahlener schwarzer Pfeffer
1	rote Zwiebel
2	Knoblauchzehen
½ Bund	Basilikum
6 EL	Olivenöl + mehr zum Bestreichen
½ TL	Cayennepfeffer
½ TL	Paprikapulver edelsüß
1 TL	getrockneter Oregano
1 TL	getrockneter Thymian
4	Pitabrote (s. Rezept S. 185)

Zubereitung: 10 Minuten + 1½ Stunde Wartezeit

1 Die Auberginen und die Zucchini der Länge nach in 1 cm dicke Scheiben schneiden. Die Paprika in Streifen schneiden. Die Auberginenscheiben salzen, mit einem Holzbrett beschweren und 30 Minuten ruhen lassen – das Salz zieht das Wasser heraus.

2 In der Zwischenzeit die Zwiebel und den Knoblauch schälen und in feine Würfel schneiden. Basilikum waschen, Blätter abzupfen und in feine Streifen schneiden. Öl, Cayennepfeffer, Paprikapulver, Oregano, Thymian, Basilikum, Salz und Pfeffer zu einer Marinade verrühren.

3 Die Auberginenscheiben unter fließendem kaltem Wasser abwaschen und in einer Auflaufform in die Marinade einlegen. Mit Frischhaltefolie bedeckt im Kühlschrank 1 Stunde ziehen lassen.

4 Den Backofen auf 180 °C Umluft vorheizen. Die Zucchinischeiben und die Paprikastreifen leicht mit Olivenöl bestreichen und mit den marinierten Auberginenscheiben auf einem Backblech im heißen Ofen 45 Minuten garen. Die letzten 2–3 Minuten die Pitabrote im Ofen mitbacken.

5 In jedes Brot eine Tasche einschneiden, mit dem Gemüse füllen und die Fladenbrote servieren.

Kichererbsenschnitzel mit Pfefferrahmsauce

Für 4 Personen

Zubereitung: 30 Minuten

Für das Schnitzel

1 kleine Dose	Kichererbsen (Abtropfgewicht 250 g)
1	Zwiebel
1	Knoblauchzehe
2 EL	Speisestärke
2 TL	Kapern
60 g	Semmelbrösel
1 TL	Senf
50 g	Sojasahne
1 TL	gekörnte Gemüsebrühe
1 TL	Paprikapulver edelsüß
1 TL	Currypulver
	Salz, frisch gemahlener schwarzer Pfeffer
100 ml	Sonnenblumenöl

Für die Sauce

1	kleine Zwiebel
1 EL	Sonnenblumenöl
50 ml	veganer Weißwein
120 ml	Gemüsebrühe
200 g	Hafersahne
4 TL	eingelegter grüner Pfeffer
1 TL	Speisestärke
1 TL	Paprikapulver edelsüß

Für den Salat

100 g	Feldsalat
1	kleiner Radicchio
400 g	Kirschtomaten
1	Chicorée
4 EL	Olivenöl
2 EL	weißer Balsamico-Essig
1 TL	Dijon-Senf
2 EL	Agavendicksaft

1 Für die Kichererbsenschnitzel den Backofen auf 170 °C Umluft vorheizen. Die Zwiebel und den Knoblauch schälen und in feine Würfel schneiden. Alle Zutaten (bis auf das Öl) in der Küchenmaschine zu einem glatten Teig verarbeiten. Noch einmal gut durchkneten und kleine Schnitzel daraus formen. In einer großen Pfanne das Öl erhitzen und die Schnitzel darin etwa 3 Minuten von beiden Seiten knusprig braten, dann im Ofen 10 Minuten backen.

2 In der Zwischenzeit für die Sauce die Zwiebel schälen und in feine Würfel schneiden. In einem Topf das Öl erhitzen und die Zwiebelwürfel darin glasig schwitzen. Mit Weißwein ablöschen und mit Gemüsebrühe und Sahne auffüllen. Pfefferkörner dazugeben und alles bei mittlerer Hitze köcheln lassen. Die Speisestärke mit etwas kaltem Wasser glatt rühren und unter Rühren zur Sauce geben. Mit Paprikapulver, Salz und Pfeffer abschmecken.

3 Den Feldsalat von den Wurzeln befreien, den Radicchio in feine Streifen schneiden. Kirschtomaten halbieren, Chicorée vom Stielansatz befreien, Blätter ablösen und in Streifen schneiden. Olivenöl, Essig, Senf, Agavendicksaft, Salz und Pfeffer zu einem Dressing verrühren und mit dem Salat vermischen.

4 Schnitzel auf dem Salat anrichten und die Sauce dazu reichen.

Gefüllter mediterraner Fenchel

Für 4 Personen

4	Fenchelknollen
1	mittelgroße Zwiebel
1	Knoblauchzehe
5	schwarze Oliven, entsteint
1 EL	Kapern
4 EL	Olivenöl + etwas mehr zum Fetten der Form
200 g	Räuchertofu (alternativ vorgekochter Grünkern)
4 EL	Tomatenmark
1 TL	Rohrohrzucker
50 ml	veganer trockener Rotwein
1 kleine Dose	Pizzatomaten (400 g)
1 EL	gekörnte Gemüsebrühe
1 TL	getrockneter Oregano
1 TL	getrockneter Basilikum
80 g	veganer Käse
50 g	Semmelbrösel
100 ml	Dinkelsahne
	Salz, frisch gemahlener weißer Pfeffer

Zubereitung: 45 Minuten

1 Vom Fenchel jeweils die beiden äußeren Segmente der Knollen im Ganzen ablösen und in kochendem Salzwasser 5 Minuten blanchieren. Anschließend herausheben und in eiskaltem Wasser abschrecken. In der Zwischenzeit den restlichen Fenchel vom Strunk befreien und fein hacken.

2 Die Zwiebel und den Knoblauch schälen und in feine Würfel schneiden. Die Oliven und die Kapern hacken. In einer Pfanne 2 EL Olivenöl erhitzen und die Zwiebel- und Knoblauchwürfel darin glasig schwitzen. Die Oliven und Kapern mit dem gehackten Fenchel hinzugeben und 3 Minuten mitschwitzen. Währenddessen den Räuchertofu – sofern er benutzt wird – mit Küchenpapier trocken tupfen und in kleine Brösel hacken. Das restliche Olivenöl mit in die Pfanne geben und die Tofubrösel – oder den Grünkern – darin anbraten.

3 Das Tomatenmark einrühren und ebenfalls kurz mit anrösten. Den Zucker einstreuen und leicht karamellisieren lassen. Mit dem Rotwein ablöschen, mit den Pizzatomaten auffüllen und die gekörnte Brühe einrühren. Alles bei niedriger Hitze 5 Minuten köcheln lassen – die Flüssigkeit sollte weitgehend verdampft sein. Die getrockneten Gewürze mit dem veganen Käse, den Semmelbrösel und der Dinkelsahne dazugeben und die Mischung mit Salz und Pfeffer abschmecken.

4 Den Backofen auf 180 °C Umluft vorheizen. Eine große Auflaufform mit etwas Olivenöl ausstreichen, die Fenchelsegmente hineinlegen, mit der Gemüsemischung füllen und im heißen Ofen 20 Minuten backen. Auf Teller verteilen und sofort servieren.

ZUCCHINI-POLENTA-SCHIFFCHEN MIT HOT SALSA

Für 4 Personen

Für die Schiffchen

2	mittelgroße Zucchini
150 g	braune Champignons
5	Frühlingszwiebeln
2	Knoblauchzehen
2 EL	Sonnenblumenöl + etwas mehr zum Fetten der Form
200 ml	Sojamilch
200 ml	Gemüsebrühe
1 Zweig	Rosmarin
1	Lorbeerblatt
80 g	Polentagrieß
½ TL	Paprikapulver edelsüß
	Salz, frisch gemahlener schwarzer Pfeffer
150 g	veganer Reibkäse

Für die Salsa

5	mittelgroße Tomaten
1	mittelgroße Zwiebel
1	Knoblauchzehe
1 kleines Stück	Ingwerwurzel (3 cm)
4	Datteln, entsteint
1 TL	Agavendicksaft
	frisch gepresster Saft von ½ Zitrone
1 Msp.	Paprikapulver rosenscharf
1 Msp.	Cayennepfeffer
	Salz, frisch gemahlener schwarzer Pfeffer
2–3 EL	Tomatenmark (nach Belieben)

Zubereitung: 40 Minuten

1 Die Zucchini der Länge nach halbieren. Bis auf einen Rand von 1 cm Dicke das Fruchtfleisch mit einem Löffel herauskratzen und zerdrücken. Die Champignons fein würfeln. Den weißen bis hellgrünen Teil der Frühlingszwiebeln in Ringe schneiden. Eine Knoblauchzehe schälen und fein hacken. In einer Pfanne das Öl erhitzen und Frühlingszwiebelringe und Knoblauch darin andünsten. Champignons und Zucchini-Fruchtfleisch kurz mitgaren.

2 Den restlichen Knoblauch schälen und mit Milch, Gemüsebrühe, Rosmarin und Lorbeerblatt aufkochen. Polentagrieß einrühren und unter Rühren bei mittlerer Hitze aufkochen. Den Deckel auflegen und die Mischung bei niedriger Hitze 20 Minuten quellen lassen, dabei gelegentlich umrühren. Anschließend Knoblauch und Rosmarin entfernen. Den Pfanneninhalt untermischen und die Masse mit Paprika, Salz und Pfeffer abschmecken.

3 Den Backofen auf 180 °C Umluft vorheizen. Eine große Auflaufform mit etwas Öl ausstreichen, Zucchinihälften hineinlegen und mit der Polentamischung füllen. Mit veganem Reibekäse bestreuen. Im heißen Ofen 20 Minuten backen.

4 In der Zwischenzeit für die Salsa die Tomaten an der Unterseite kreuzweise einritzen, vom Stielansatz befreien und mit kochendem Wasser überbrühen, häuten und in Stücke schneiden. Zwiebel, Knoblauch und Ingwer schälen und würfeln. Zusammen mit Tomaten, Datteln, Agavendicksaft und Zitronensaft in einem hohen Gefäß mit dem Stabmixer pürieren. Mit Paprikapulver und Cayennepfeffer, Salz und Pfeffer abschmecken und mit Tomatenmark nach Belieben abbinden. Zucchinischiffchen auf Teller verteilen und mit der Hot Salsa servieren.

RHEINISCHER SAUERBRATEN

Für 4 Personen

Für den Sauerbraten

1	mittelgroße Möhre
1	kleine Sellerieknolle
3	mittelgroße Zwiebeln
500 ml	Gemüsebrühe
200 ml	Rotweinessig
1 Päckchen	Sauerbratengewürz
5	Lorbeeren
2	Lorbeerblätter
1 kg	Seitanbraten
	frisch gemahlener schwarzer Pfeffer
2 TL	Speisestärke
1	Knoblauchzehe
2 EL	Margarine
100 ml	veganer Rotwein
2 EL	Agavendicksaft
1 TL	Kräutersalz

Für die Kartoffelklöße

500 g	mehligkochende Kartoffeln, am Vortag gekocht
1 kg	mehligkochende Kartoffeln
1 TL	Salz
2 TL	Speisestärke

Zubereitung: 1 ½ Stunden + mindestens 5 Stunden Marinierzeit

1 Möhre, Sellerie und 1 Zwiebel schälen und in kleine Würfel schneiden. In einem Topf die Gemüsewürfel mit Brühe, Rotweinessig, Sauerbratengewürz, Lorbeeren und Lorbeerblättern aufkochen. Den Seitanbraten mindestens 5 Stunden in der Marinade ziehen lassen, dabei hin und wieder wenden.

2 Die vorgegarten Kartoffeln pellen und mit einer Gemüsereibe fein reiben oder durch die Kartoffelpresse drücken. Die rohen Kartoffeln schälen und fein reiben. Rohe Kartoffelraspeln in einem Küchentuch durch Wringen gut auspressen. In einer Schüssel gekochte und rohe Kartoffeln mit Salz und Speisestärke verkneten.

3 Aus der Kartoffelmasse mit angefeuchteten Händen Klöße von der Größe einer Billardkugel formen. Klöße in einem Topf mit leicht gesalzenem Wasser aufkochen, dann bei niedriger Hitze 15–20 Minuten ziehen lassen. Bei Bedarf portionsweise arbeiten, die Klöße sollen sich nicht berühren. Sie sind gar, wenn sie an die Wasseroberfläche steigen. Mit einem Schaumlöffel herausheben, abtropfen lassen und warm stellen.

4 In der Zwischenzeit restliche Zwiebeln und Knoblauch schälen und in feine Würfel schneiden, diese in einer Pfanne in heißer Margarine glasig schwitzen. Den Seitanbraten aus der Marinade heben und diese durch ein feines Sieb abgießen. Die angedünsteten Zwiebeln mit dem Rotwein ablöschen und die Marinade zugeben. Die Flüssigkeit bei niedriger Hitze 15 Minuten einkochen lassen. Mit Agavendicksaft, Kräutersalz und Pfeffer abschmecken und mit dem Stabmixer kurz durchmixen. Die Speisestärke mit etwas kaltem Wasser glatt rühren und die Sauce damit binden. Den Seitanbraten in die Sauce legen und darin 5 Minuten durchwärmen. Aufschneiden und mit den Klößen servieren. Dazu passt Rotkohl.

PROFI-TIPP:
Seitanbraten kann man alternativ auch aus Seitanpulver nach Packungsanweisung selbst herstellen.

PIKANTER WIRSINGAUFLAUF MIT GETROCKNETEN APRIKOSEN

Für 4 Personen

1 kg	Wirsing
2	Zwiebeln
500 g	Kartoffeln
500 g	Möhren
2 EL	Olivenöl
100 g	getrocknete Aprikosen
500 ml	Gemüsebrühe
1 Prise	Rohrohrzucker
1 Prise	gemahlener Zimt
1 Prise	geriebene Muskatnuss
	Salz, frisch gemahlener weißer Pfeffer
100 g	Mandelmus
3 EL	Hefeflocken
150 g	Sojajoghurt (natur)
5 EL	Hafersahne

Zubereitung: 1 ½ Stunden

1 Den Wirsing vom harten Strunk befreien und den Rest feinblättrig schneiden. Die Zwiebeln schälen, in Spalten schneiden. Die Kartoffeln und die Möhren schälen und in mundgerechte Stücke oder Scheiben schneiden.

2 In einer Pfanne das Olivenöl erhitzen und die Zwiebeln darin glasig dünsten. Den Wirsing dazugeben und kurz mit anbraten. Kartoffeln, Möhren und Aprikosen hinzufügen und weitere 3 Minuten braten. Mit der Gemüsebrühe ablöschen, Deckel auflegen und das Ganze 45 Minuten schmoren lassen – dabei hin und wieder umrühren. Anschließend mit Zucker, Zimt, Muskatnuss, Salz und Pfeffer abschmecken.

3 Den Backofen auf 180 °C Umluft vorheizen. Den Pfanneninhalt in eine ausreichend große Auflaufform umfüllen. Das Mandelmus mit 200 ml Wasser, den Hefeflocken, dem Sojajoghurt und der Hafersahne sorgfältig verrühren. Mit Salz und Pfeffer würzen. Die Mischung auf dem Gemüse gleichmäßig verteilen und den Auflauf im heißen Ofen 15–20 Minuten goldbraun überbacken.

4 Den Wirsingauflauf in der Form servieren. Er schmeckt solo sehr gut, dazu passt aber auch eine Scheibe kräftiges Sauerteigbrot.

HOT CHILIBURGER MIT GEBACKENEN KÜRBISSPALTEN

Für 4 Personen

Für die Kürbisspalten

1	Hokkaido-Kürbis (ca. 1 kg)
3 EL	Olivenöl
½ TL	Paprikapulver edelsüß
½ TL	mildes Currypulver
½ TL	Zwiebelgranulat
	Fleur de Sel, frisch gemahlener schwarzer Pfeffer
je 2 Zweige	Thymian und Rosmarin

Für die Burger

2	rote Zwiebeln
1	Knoblauchzehe
3	getrocknete Tomaten (in Öl)
1 Dose	Kidneybohnen (200 g), abgetropft
100 g	Dosenmais, abgetropft
4 EL	Olivenöl
½ TL	Cayennepfeffer
	Salz
80 g	Semmelbrösel
2 EL	Cornflakes
1 gehäufter EL	Sojamehl
4	Burgerbrötchen
2	Tomaten
1 Handvoll	Rucola
2	süßsauer eingelegte Gurken

Zubereitung: 45 Minuten

1 Den Backofen auf 220 °C Umluft vorheizen. Den Kürbis der Länge nach halbieren und die Kerne herauskratzen. Das Kürbisfleisch mit einem Messer in Spalten schneiden und diese halbieren.

2 Olivenöl, Paprikapulver, Currypulver, Zwiebelgranulat, Fleur de Sel und Pfeffer zu einer Marinade vermengen. Die Kürbisstücke mit der Marinade in einen Frischhaltebeutel füllen, diesen oben mit einer Hand verschlossen halten und alles kräftig durchschütteln, bis der Kürbis rundherum von der Marinade überzogen ist. Die Spalten auf einem mit Backpapier ausgelegten Backblech gleichmäßig verteilen und im Ofen auf der mittleren Schiene etwa 15 Minuten backen, bis sie leicht gebräunt sind. Mit Thymian- und Rosmarinblättchen bestreuen.

3 In der Zwischenzeit 1 Zwiebel und den Knoblauch schälen und in feine Würfel schneiden. Die getrockneten Tomaten auf Küchenpapier abtropfen lassen und grob hacken. Die Zwiebel- und Knoblauchwürfel mit Tomaten, Bohnen, Mais, 2 EL Olivenöl, dem Cayennepfeffer und Salz mit dem Stabmixer pürieren. Semmelbrösel, Cornflakes und Sojamehl hinzufügen und alles zu einem homogenen Teig verkneten. Bei Bedarf mehr Olivenöl oder mehr Semmelbrösel zugeben.

4 Mit angefeuchteten Händen die Masse zu gleich großen Frikadellen formen und diese in einer Pfanne mit dem restlichen Olivenöl bei mittlerer Hitze von jeder Seite 5 Minuten braten.

5 Kurz vor dem Servieren die Burgerbrötchen aufschneiden und im heißen Ofen 1–2 Minuten mitrösten. Die restliche Zwiebel schälen und in Ringe schneiden. Tomaten waschen und ohne Stielansatz in Scheiben schneiden. Rucolablättchen abzupfen. Gurken in Scheiben schneiden.

6 Die Burgerbrötchen mit den Frikadellen und übrigen Zutaten nach Wunsch belegen und noch warm mit den gebackenen Kürbisstreifen servieren. Dazu Knoblauchsauce (s. S. 184) reichen.

SÜSSE SACHEN

DESSERTS UND GEBÄCK FÜR SCHLECKERMÄULER:
SÜSSIGKEITEN, KNABBERZEUG, SCHOKOLADIGES,
PLÄTZCHEN, EIS UND SAHNEWAFFELN
FÜR VEGANE NASCHKATZEN

ΚΑΝΕΛΛΑ
CINNAMON

APFELTASCHEN

Ergibt 10 Stück

2 EL	Rosinen (nach Belieben)
1 Packung	TK-Blätterteig (10 Platten)
3–4	säuerliche Äpfel
2 EL	Margarine
2 EL	Mandelsplitter (nach Belieben)
2 EL	dunkler Rohrohrzucker
1 Päckchen	Vanillezucker
	frisch gepresster Saft von ½ Limette
1 TL	gemahlener Zimt
	Puderzucker zum Bestreuen

Zubereitung: 30 Minuten + 30 Minuten Einweichzeit

1 Die Rosinen, falls verwendet, vor der Verwendung mindestens 30 Minuten in warmem Wasser einweichen. In der Zwischenzeit die Blätterteigplatten auf der Arbeitsfläche nebeneinander ausbreiten und antauen lassen. Die Äpfel schälen, vierteln und das Kerngehäuse entfernen. Die Viertel in kleine Würfel schneiden.

2 In einer beschichteten Pfanne die Margarine erhitzen und die Apfelstücke mit den Rosinen und den Mandelsplittern, falls verwendet, nach Belieben darin bei mittlerer Hitze 3–4 Minuten anbraten. Mit dem Zucker und dem Vanillezucker bestreuen und leicht karamellisieren lassen. Mit dem Limettensaft ablöschen und den Zimt untermischen. Das Ganze 5 Minuten bei niedriger bis mittlerer Hitze köcheln lassen. Die Pfanne vom Herd nehmen und den Inhalt ein wenig abkühlen lassen.

3 Den Backofen auf 180 °C Umluft vorheizen. Die Apfelmasse nach Belieben mit einer Gabel oder einem Kartoffelstampfer ein wenig zerdrücken. Jeweils eine Seite der Blätterteigplatte bis zur Mitte mit einem spitzen, sehr scharfen Messer jalousieartig einschneiden – dabei nicht vergessen, einen deutlichen Rand zu lassen. Auf die andere Hälfte jeder Blätterteigplatte etwa 2 EL Kompott geben, die eingeschnittene Teigseite über die Seite mit der Füllung zu Rechtecken falten und mit den Zinken einer Gabel die aufeinander liegenden Ränder fest zusammendrücken.

4 Die Apfeltaschen auf ein mit Backpapier ausgelegtes Blech heben. Im heißen Ofen 20–25 Minuten backen, bis der Teig knusprig ist und sich die Ecken schön braun gefärbt haben. Die Apfeltaschen abkühlen lassen, auf Teller verteilen und mit Puderzucker bestreut servieren.

BERLINER PFANNKUCHEN

Ergibt 12 Stück

Für den Teig

½ Würfel	frische Hefe
50 g	Zucker
200 ml	Sojamilch
500 g	Weizenmehl (Type 405) + etwas mehr für die Arbeitsfläche
1 Päckchen	Vanillezucker
	abgeriebene Schale von 1 Bio-Zitrone
1 Prise	Salz
100 g	Margarine
	Sonnenblumenöl zum Frittieren

Außerdem

200 g	Konfitüre, Pflaumenmus oder Nuss-Nougat-Creme nach Wahl
100 g	Zucker

Zubereitung: 30 Minuten + 2 Stunden Gehzeit

1 In einer kleinen Schüssel die zerbröckelte Hefe mit 1 Prise Zucker in 3–4 EL warmer Sojamilch auflösen. Das Mehl in eine große Schüssel sieben und in die Mitte eine Mulde drücken. Die Hefemischung in die Mulde füllen und mit einer Gabel die Flüssigkeit mit ein wenig Mehl von den Seiten bestäuben. Die Schüssel mit einem Küchenhandtuch bedecken und der Vorteig an einem zugfreien, gleichmäßig warmen Ort mindestens 30 Minuten gehen lassen.

2 Den restlichen Zucker, den Vanillezucker, die Zitronenschale und das Salz dazugeben. Die übrige Milch mit der Margarine in einem Topf lauwarm werden lassen und ebenfalls hinzufügen. Mit den Knethaken des Handrührgeräts alle Zutaten zu einem glatten Teig verkneten, der sich vom Schüsselrand leicht lösen lässt. Den Teig erneut bedecken und 1 Stunde gehen lassen.

3 Auf der leicht bemehlten Arbeitsfläche den Teig noch einmal kräftig durchkneten, zur dicken Rolle (Ø 7 cm) formen und diese in 12 gleich große Stücke bzw. Scheiben schneiden. Die Scheiben auf einem mit Backpapier ausgelegten Backblech verteilen, mit einem Küchenhandtuch bedecken und noch einmal 30 Minuten gehen lassen.

4 In der Fritteuse oder einem weiten Topf das Frittierfett auf 180–200 °C erhitzen. Das Öl ist heiß genug, wenn an dem Stiel eines hineingesteckten Holzkochlöffels Bläschen emporsteigen. Die Teigkreise portionsweise im heißen Fett 3–4 Minuten frittieren, bis sie goldbraun sind. Dabei nach der Hälfte der Zeit einmal wenden. Mit einem Schaumlöffel herausheben und auf einem mit Küchenpapier ausgelegten Kuchengitter abtropfen lassen.

5 Füllung nach Wahl in einem Topf erwärmen, durch ein feinmaschiges Sieb streichen und in einen Spritzbeutel mit langer, schmaler Tülle (gut funktioniert das auch mit einer Gebäckpresse) füllen. Mit der Tülle in die Berliner stechen und mit Gefühl ein wenig Füllung hineinspritzen. Die Berliner Pfannkuchen noch warm im Zucker wenden und servieren.

ZARTE WAFFELN MIT KIRSCHSAUCE

Ergibt 10 Stück

Für den Teig

150 g	Weizenmehl (Type 405)
2 EL	Sojamehl
½ Päckchen	Backpulver
125 g	sehr weiche Margarine + etwas mehr zum Einfetten
100 g	Zucker
1 Päckchen	Vanillezucker
	abgeriebene Schale von ½ Bio-Orange
1 Prise	Salz
150 ml	Sojamilch
1 Schuss	Mineralwasser
	Puderzucker zum Bestreuen

Für die Kirschsauce

1 Glas	Sauerkirschen (350 g Abtropfgewicht)
1 EL	Speisestärke
1 Stange	Zimt
100 g	Zucker
1 Päckchen	Vanillezucker
3 EL	Kirschwasser (nach Belieben)

Zubereitung: 30 Minuten

1 Für den Teig das Weizenmehl mit dem Sojamehl und dem Backpulver in eine Schüssel sieben. Mit dem Quirl des Handrührgeräts oder in der Küchenmaschine die Margarine, den Zucker, den Vanillezucker, die Orangenschale und das Salz 4–5 Minuten schaumig rühren. Löffelweise das Mehl unterrühren, dabei hin und wieder einen Schuss Milch hinzufügen. Rühren, bis sich alle Zutaten zu einem homogenen, dickflüssigen Teig verbunden haben. Zuletzt 1 Schuss Mineralwasser unterrühren und nach Bedarf etwas mehr Milch oder Mehl dazugeben. Die Schüssel mit einem Küchenhandtuch abdecken und den Teig 10 Minuten ruhen lassen.

2 In der Zwischenzeit für die Kirschsauce die Früchte in einem Sieb abtropfen lassen, dabei die Flüssigkeit auffangen. 3 EL Kirschsaft abnehmen und die Speisestärke damit glatt rühren. Den restlichen Kirschsaft mit dem Zimt, dem Zucker und dem Vanillezucker erhitzen und 10 Minuten köcheln lassen. Die Zimtstange entfernen und die Speisestärke einrühren. Die Sauce noch einmal aufkochen lassen, dann die Kirschen hinzufügen und in der Flüssigkeit heiß werden lassen. Zuletzt nach Belieben das Kirschwasser unterrühren.

3 Das vorgeheizte Waffeleisen mit etwas Margarine einfetten. Je nach Größe des Eisens eine Kelle Teig in die Form geben und leicht verteilen. Den Deckel schließen und die Waffeln goldbraun backen – die Dauer hängt vom jeweiligen Waffeleisen ab, hier bei Bedarf in der Gebrauchsanweisung nachlesen. Die Waffeln mit einer Gabel vorsichtig entnehmen und auf einem Kuchengitter abkühlen lassen.

4 Die Waffeln auf Teller verteilen, nach Belieben mit Puderzucker bestreuen und mit einem Klecks Kirschsauce garniert servieren.

BRATAPFEL MIT VANILLESAUCE

Für 4 Personen

Für die Bratäpfel

2 EL Rosinen
3 EL Rum
4 Äpfel (Sorte Boskop)
4 Spekulatius
8 vegane Dominosteine
2 TL gehackte Mandeln
fein abgeriebene Schale von ½ Bio-Orange
1 Msp. Spekulatiusgewürz
2 EL Margarine + etwas mehr zum Fetten der Form
2 EL dunkler Rohrohrzucker

Für die Vanillesauce

500 ml Hafer- oder Sojamilch
1–2 TL flüssiger Vanilleextrakt (je nach Konzentration und Belieben)
2 EL Zucker
1 Prise Salz
2 TL Speisestärke

Zubereitung: 45 Minuten + 30 Minuten Einweichzeit

1 Die Rosinen vor der Verwendung mindestens 30 Minuten im Rum einweichen.

2 Das Kernhaus der Äpfel großzügig entfernen – dies funktioniert am besten mit einem Apfelausstecher. Die Spekulatius in einen Frischhaltebeutel geben und mit einem Fleischklopfer oder einem Rollholz zu Bröseln zerkleinern. Die Dominosteine in kleine Würfel schneiden und mit den Spekulatiusbröseln, den eingeweichten Rosinen samt Rum, den gehackten Mandeln, der Orangenschale und dem Spekulatiusgewürz vermischen.

3 Den Backofen auf 180 °C Umluft vorheizen. Eine mittelgroße Auflaufform mit etwas Margarine ausstreichen, die Äpfel hineinsetzen und mit der Masse füllen, dabei ruhig leicht stopfen. Jeden Apfel mit einem kleinen Stückchen Margarine belegen und mit etwas Rohrohrzucker bestreuen. Die Bratäpfel im heißen Ofen 25 Minuten backen.

4 Währenddessen die Vanillesauce zubereiten. Dazu in einem Topf die Pflanzenmilch mit dem Vanilleextrakt, dem Zucker und dem Salz bei mittlerer Hitze aufkochen. Die Speisestärke mit 2 EL kaltem Wasser glatt rühren und unter die kochende Vanillemilch mischen, dabei ständig rühren. Die Sauce noch einmal aufwallen lassen und bis zum Verzehr warm halten, aber nicht weiter kochen.

5 Den Bratapfel direkt aus dem Ofen noch schön heiß mit der Vanillesauce servieren.

PROFI-TIPP:

Um die ausgekratzten Vanilleschoten nicht einfach wegwerfen zu müssen, können Sie diese zu Vanillezucker verarbeiten. Füllen Sie dazu einfach ein großes Einmachglas mit Haushaltszucker und geben Sie die Schoten dazu. Verschrauben Sie das Glas fest und warten Sie einige Tage ab. Sie werden nie wieder auf künstlichen Vanillinzucker zurückgreifen.

KAISERSCHMARRN MIT PFLAUMENKOMPOTT

Für 4–6 Personen

Für den Kaiserschmarrn

50 g	Rosinen
2 EL	Rum
250 ml	Sojamilch
4 EL	Reissahne
3 EL	Rohrohrzucker
1 Päckchen	Bourbon-Vanillezucker
1 Prise	Salz
250 g	Weizenmehl (Type 550)
4 EL	Speisestärke
2 TL	Backpulver
2 EL	Sonnenblumenöl
2 EL	Puderzucker zum Bestreuen

Für das Pflaumenkompott

500 g	Pflaumen
100 g	dunkler Rohrohrzucker
100 ml	veganer roter Portwein
100 ml	veganer trockener Rotwein
1	Zimtstange
	abgeriebene Schale von 1 Bio-Zitrone

Zubereitung: 25 Minuten

1 Für den Kaiserschmarrn die Rosinen im Rum 30 Minuten einweichen.

2 In der Zwischenzeit für das Kompott die Pflaumen halbieren, entkernen und in Stücke schneiden. In einem unbeschichteten Topf den Zucker gleichmäßig verteilen und bei mittlerer Hitze erwärmen, bis er flüssig wird. Mit einem Holzlöffel umrühren, bis er karamellisiert. Mit dem Portwein und dem Rotwein ablöschen und die Flüssigkeit auf die Hälfte einkochen lassen. Die Pflaumen mit dem Zimt und der Zitronenschale hinzufügen und alles etwa 10 Minuten bei mittlerer Hitze köcheln lassen, dabei hin und wieder umrühren. Die Zimtstange wieder entfernen.

3 Die Sojamilch mit Reissahne, Rohrohrzucker, Vanillezucker und Salz verrühren. Das Mehl mit der Speisestärke und dem Backpulver sieben und esslöffelweise unter die Milchmischung heben, bis eine dickflüssige, homogene Masse entsteht.

4 In einer gusseisernen oder beschichteten Pfanne das Sonnenblumenöl erhitzen und den Teig hineingießen. Die Rosinen abtropfen lassen und gleichmäßig in der Pfanne verteilen. Wenn der Teig auf der Unterseite goldbraun gebacken ist, sich die Ränder braun färben und vom Pfannenrand lösen, den Schmarrn vorsichtig wenden und von der anderen Seite bei niedriger bis mittlerer Hitze fertig backen.

5 Den Teig mit zwei Gabeln in Stücke reißen und mit Puderzucker bestreut servieren. Das Pflaumenkompott separat dazu reichen.

Karamellkonfekt mit Haselnusskern

Ergibt 30 Stück

Für den Karamell

- 60 g Margarine
- 250 g Zucker
- 2 Päckchen Bourbon-Vanillezucker
- 250 g Reissahne
- 2 TL Agavendicksaft

Für Füllung und Topping

- 150 g vegane Nuss-Nougat-Creme
- 30 Haselnusskerne
- 200 g vegane Zartbitterkuvertüre

Außerdem

- 2 Eiswürfel- oder Patisserie-Silikonformen (nach Möglichkeit mit runden Vertiefungen)

Zubereitung: 40 Minuten + 2 Stunden Kühlzeit

1 Für den Karamell in einem Topf die Margarine mit dem Zucker, dem Vanillezucker, der Reissahne und dem Agavendicksaft aufkochen lassen – dabei mit einem Holzlöffel immer wieder umrühren. Anschließend die Masse bei mittlerer Hitze 20–30 Minuten einkochen lassen, bis sie sich golden färbt und ihre Konsistenz dickflüssig wird.

2 Die Silikonformen mit kaltem Wasser ausspülen und in jede Vertiefung je nach Größe 1 TL oder EL heiße Karamellmasse einfüllen. Sobald der Karamell in der Form abgekühlt und seine Konsistenz noch fester geworden ist, in die Mitte jedes Stücks (am besten mit dem Finger) eine Mulde drücken.

3 In jede Mulde eine Haselnuss legen und diese mit jeweils etwa ½ TL Nuss-Nougat-Creme bedecken. Die Kuvertüre mit einem großen Messer grob hacken und über einem Wasserbad schmelzen, dabei immer wieder umrühren. Jeweils 1 Klecks Kuvertüre auf die Konfektstücke setzen und eventuell ein wenig verteilen, damit die Nuss-Nougat-Creme von der Kuvertüre gleichmäßig bedeckt ist.

4 Die Formen im Kühlschrank mindestens 2 Stunden kalt stellen, dann die einzelnen Stücke aus den Formen drücken.

Profi-Tipp:

Je nach Lust und Laune können Sie dieses Konfekt natürlich auch in eckigen oder ganz anders gestalteten Formen herstellen.

MAN WARDER

BESCHWIPSTE KOKOSSAHNE MIT WALNUSSKROKANT

Für 4 Personen

Für den Krokant

100 g Walnusskerne
100 g dunkler Rohrohrzucker

Für die Sahnecreme

300 g Kokossahne
1 Päckchen Bourbon-Vanillezucker
2 EL Puderzucker
1 Packung Sahnesteif (nach Bedarf)
20 ml Kirschwasser
sehr fein abgeriebene Schale von ½ Bio-Orange

PROFI-TIPP:

Nicht jede vegane Sahne lässt sich wie gewöhnliche Sahne aufschlagen. Bei Reis- und Kokossahne funktioniert dies (bis auf einige Ausnahmen) in aller Regel gut – häufig auch ohne Sahnesteif. Hafer- und Dinkelsahne eignen sich lediglich zum Verfeinern flüssiger Speisen. Bei der Verwendung von Sojasahne empfiehlt es sich, den Packungstext genau zu studieren.

Zubereitung: 30 Minuten + mindestens 2 Stunden Kühlzeit

1 Die Walnusskerne grob hacken. In einem unbeschichteten Topf den Zucker gleichmäßig verteilen und bei mittlerer Hitze erwärmen, bis er flüssig wird. Mit einem Holzlöffel umrühren und den Zucker weiterkochen, bis er karamellisiert und sich etwas dunkler verfärbt. Die Walnusskerne dazugeben und rundherum mit Karamell überziehen. Auf der Arbeitsfläche oder auf einem Backblech ein Stück Backpapier auslegen. Die Walnuss-Zucker-Masse auf dem Backpapier verteilen bzw. ausstreichen (Vorsicht, die Masse ist sehr heiß!) und dort vollständig auskühlen lassen. Danach die Zuckerplatte zu kleinen Krokantstückchen brechen. Für die Garnitur 2 EL Krokant beiseitestellen.

2 Während der Karamell auskühlt, die Sahne mit dem Vanillezucker, dem Puderzucker und nach Bedarf Sahnesteif steif schlagen. Ganz vorsichtig das Kirschwasser, die Orangenschale und den Krokant unterheben. Die Sahnecreme bis zum Verzehr – mindestens jedoch 2 Stunden – im Kühlschrank kalt stellen.

3 Mit zwei Esslöffeln von der Kokossahne Nocken abstechen, auf Tellern anrichten und mit etwas Walnusskaramell bestreut servieren.

SÜSSE POMMES MIT HIMBEERKETCHUP

Für 4 Personen

Für die Pommes

1	frische Ananas
	frisch gepresster Saft von ½ Zitrone
2 EL	Margarine
2 EL	Puderzucker

Für das Ketchup

1	Vanilleschote
500 g	Himbeeren (frisch oder TK-Ware)
4 EL	Rohrohrzucker

Zubereitung: 30 Minuten

1 Für das Ketchup die Vanilleschote der Länge nach aufschneiden und mit einem Messer das Mark herauskratzen. In einem Topf die Himbeeren mit der Vanilleschote, dem Mark, dem Zucker und 1 Schuss Wasser aufkochen und bei mittlerer Hitze etwa 10 Minuten köcheln lassen. Die Vanilleschote entfernen, die Masse mit dem Stabmixer pürieren und durch ein feinmaschiges Sieb streichen.

2 Für die Pommes von der Ananas Blatt- und Strunkende abschneiden. Die Frucht aufstellen und von oben nach unten schälen. Die Ananas der Länge nach vierteln, den holzigen Strunk herausschneiden und den Rest in gleichmäßige, etwa 10 cm lange und 1 cm breite Stifte schneiden und mit dem Zitronensaft beträufeln.

3 In einer Pfanne die Margarine erhitzen und die Ananasstückchen mit dem Puderzucker bestreut bei starker Hitze 1 Minute darin schwenken. Dabei darauf achten, dass die Stücke nicht zu weich werden.

4 Die süßen Pommes auf Schälchen verteilen und mit dem Himbeerketchup garniert servieren.

WEISSE MOUSSE AU CHOCOLAT AUF ERDBEERSAUCE

Für 4 Personen

Für die Mousse

300 g	aufschlagbare Sojasahne
1 Päckchen	Sahnesteif
1 Prise	Salz
	ausgekratztes Mark von ½ Vanilleschote
200 g	weiße Reismilchschokolade
1 EL	Kirschwasser (nach Belieben)
	einige frische Minzeblätter zum Garnieren

Für die Erdbeersauce

200 g	Erdbeeren (frisch oder TK-Ware)
2 EL	Puderzucker
40 ml	Orangenlikör

Zubereitung: 30 Minuten + mindestens 2 Stunden Kühlzeit

1 Die Sahne mit dem Sahnesteif, dem Salz und dem Vanillemark aufschlagen und bis zur weiteren Verwendung im Kühlschrank kalt stellen. Die Schokolade mit dem Messer fein hacken oder auf der Küchenreibe raspeln. 50 g Schokolade für die Garnitur beiseitestellen. Die Hälfte der restlichen Schokolade über einem Wasserbad schmelzen, das Vanillemark und nach Belieben das Kirschwasser einrühren und alles kurz ziehen lassen.

2 Die flüssige Schokolade vom Wasserbad nehmen, die zweite Hälfte Schokoraspel dazugeben und in der flüssigen Schokolade schmelzen lassen. 2–3 EL der steif geschlagenen Sahne unter die Schokolade heben, dann die Schoko-Sahne-Mischung mit dem Schneebesen vorsichtig unter die übrige Sahne mischen. Die Mousse für mindestens 2 Stunden im Kühlschrank kalt stellen.

3 Für die Sauce in einem Topf die Erdbeeren mit dem Puderzucker und 1 Schuss Wasser aufkochen und bei mittlerer Hitze etwa 10 Minuten köcheln lassen. Die Mischung mit dem Stabmixer pürieren, durch ein feinmaschiges Sieb streichen und mit Orangenlikör abschmeckenn.

4 Zum Anrichten zunächst jeweils 3–4 EL Erdbeersauce in Gläser füllen, darauf die Mousse verteilen. Die weiße Mousse au Chocolat mit 1 Klecks Erdbeersauce versehen, mit weißen Schokoladenraspeln bestreut und mit Minze garniert servieren.

MACADAMIA-BROWNIES

Ergibt 25 Stück (à 5 × 5 cm)

100 g	vegane Zartbitterschokolade
150 g	Macadamianusskerne
120 g	Zucker
	ausgekratztes Mark von 1 Vanilleschote
1 Msp.	gemahlener Kardamom
½ TL	gemahlener Zimt
50 g	Kakaopulver
125 ml	Rapsöl
125 g	Agavendicksaft
270 g	Weizenmehl (Type 405)
2 TL	Backpulver
150 ml	Reismilch

Für die Glasur

100 g	weiße Schokolade
2 EL	Kokosfett (25 g)

Außerdem

1	Backrahmen 25 × 25 cm

Zubereitung: 45 Minuten + 1 Stunde Abkühlzeit

1 Die Schokolade mit dem Messer fein hacken oder auf der Küchenreibe raspeln. Die Nusskerne grob hacken. In der Küchenmaschine oder mit dem Handrührgerät den Zucker, das Vanillemark, Kardamom und Zimt sowie das Kakaopulver verrühren. Das Rapsöl und den Agavendicksaft hinzugeben und das Ganze gut mischen. Das Mehl mit dem Backpulver sieben und löffelweise unterheben. Wenn der Teig zu trocken wird, immer wieder 1 Schuss Reismilch hinzufügen, bis das Mehl und die Milch vollständig aufgebraucht sind und der Teig homogen und sehr klebrig ist. Abschließend die Schokoladenraspel und die gehackten Nüsse unter die Teigmasse heben.

2 Den Backofen auf 180 °C Umluft vorheizen. Ein Backblech mit Backpapier auslegen, den Backrahmen auf die Maße 20 x 20 cm einstellen und auf das Backblech legen. Die Teigmasse hineinfüllen, dabei darauf achten, dass sie unter dem Backrahmen nicht wieder hinausläuft. Den Kuchen im heißen Ofen auf der mittleren Schiene etwa 30 Minuten backen.

3 Während der Kuchen im Ofen bäckt, die weiße Schokolade ebenfalls hacken oder auf der Küchenreibe raspeln. Über einem heißen Wasserbad die Schokoladenraspeln mit dem Kokosfett schmelzen. Den fertigen Kuchen kurz auf dem Blech abkühlen lassen, dann mit der Schokoladen-Kokosfett-Mischung nach Wunsch verzieren und alles gemeinsam 1 Stunde abkühlen lassen.

4 Den Kuchen in 5 × 5 cm große Stücke schneiden und die Macadamia-Brownies zum Beispiel als Dessert servieren. Zu einer Tasse Tee oder Kaffee schmecken sie allerdings gleichermaßen himmlisch!

HIMBEERTRIFLE MIT SEIDENTOFU UND ZWIEBACK

Für 4–6 Personen

400 g	Himbeeren (frisch oder TK-Ware)
3 EL	Rohrohrzucker
500 g	Sojajoghurt (natur)
200 g	Seidentofu
50 g	Puderzucker
	ausgekratztes Mark von 1 Vanilleschote
	frisch gepresster Saft von ½ Zitrone
100 g	Zwieback
50 g	Kokosraspel
100 g	Mandelblättchen
2 EL	Agavendicksaft

Zubereitung: 30 Minuten + 1 Stunde Kühlzeit

1 In einem Topf die Himbeeren mit dem Rohrohrzucker und 1 Schuss Wasser aufkochen und bei mittlerer Hitze etwa 10 Minuten köcheln lassen. Anschließend die Masse mit dem Stabmixer pürieren und durch ein feinmaschiges Sieb streichen.

2 In der Zwischenzeit den Joghurt mit dem Seidentofu, dem Puderzucker, dem Vanillemark und dem Zitronensaft mit dem Stabmixer pürieren, bis die Masse schön cremig ist. Bis zur weiteren Verwendung die Creme im Kühlschrank kalt stellen.

3 Den Zwieback mit einem großen Messer oder – noch besser – im Blitzhacker zu groben Bröseln hacken. In einer beschichteten Pfanne die Kokosraspel anrösten, bis sie zu duften beginnen. Dabei darauf achten, dass sie nicht zu dunkel werden. In eine Schüssel umfüllen und beiseitestellen. Nun die Mandelblättchen in der Pfanne rösten, den Agavendicksaft hinzufügen und alles verrühren, bis die Blättchen vollständig davon überzogen sind. Auf der Arbeitsfläche ein Stück Backpapier auslegen, die Mandelmasse darauf verteilen und auskühlen lassen. Wenn sie vollständig erkaltet ist, die Blättchen nach Bedarf noch ein wenig auseinanderziehen.

4 In kleinen Schälchen zunächst den Boden großzügig mit Zwiebackbröseln ausstreuen, darauf eine Schicht der Joghurtmischung geben, gefolgt von einer Schicht Himbeerpüree und Kokosraspel. Das Püree wieder mit Bröseln bestreuen, noch eine Schicht Joghurtcreme einfüllen und mit einem Klecks Himbeerpüree und Kokosraspeln abschließen. Das Dessert vor dem Verzehr im Kühlschrank mindestens 1 Stunde kalt stellen.

5 Das gut gekühlte Himbeertrifle mit karamellisierten Mandelblättchen bestreut servieren.

VANILLEMUFFINS MIT SCHOKORASPELN

Ergibt 12 Stück

Für den Teig

200 g	vegane Zartbitterschokolade
250 g	Weizenmehl (Type 405)
1 Päckchen	Backpulver
120 g	Rohrohrzucker
2 Päckchen	Bourbon-Vanillezucker
	abgeriebene Schale von ½ unbehandelten Bio-Orange
1 Prise	Salz
70 ml	Rapsöl
250 ml	Sojamilch
	Schokoglasur zum Verzieren

Außerdem

1	Muffins-Backblech
12	Muffins-Papierförmchen

Zubereitung: 30 Minuten

1 Die Schokolade mit dem Messer fein hacken oder auf der Küchenreibe raspeln. 50 g Schokoraspel zum Verzieren beiseitestellen. Das Mehl mit dem Backpulver sieben. In einer großen Schüssel mit dem Handrührgerät oder in der Küchenmaschine den Zucker, den Vanillezucker, die Orangenschale und das Salz mischen. Das Rapsöl unterrühren, dann abwechselnd die Sojamilch und das Mehl unterheben und alles auf mittlerer Stufe zur einer homogenen, klebrigen Teigmasse verrühren. Ist der Teig zu flüssig, etwas mehr Mehl hinzufügen. Wird er zu trocken, etwas mehr Sojamilch ergänzen.

2 Den Backofen auf 180 °C Umluft vorheizen. Mit einem Schneebesen oder einem Teigschaber die Schokoraspeln behutsam unterheben. Die Papierförmchen auf die Mulden des Backblechs verteilen und den Teig ⅔ hoch einfüllen. Die Muffins im heißen Ofen auf der mittleren Schiene 15–20 Minuten backen. Garprobe: Sticht man ein Holzstäbchen in den Muffin und bleibt beim Herausziehen kein Teig daran haften, sind die Muffins fertig.

3 Die fertig gebackenen Vanillemuffins zunächst in der Form 10 Minuten abkühlen lassen, dann herausheben und auf einem Kuchengitter vollständig auskühlen lassen.

4 Die Schokoladenglasur nach Packungsanweisung über dem heißen Wasserbad oder in der Mikrowelle schmelzen. Die Muffins mit jeweils 1 Klecks Schokoglasur beträufeln und mit Schokoraspeln bestreut servieren.

PROFI-TIPP:

Dazu schmeckt steif geschlagene Reis- oder Kokossahne.

OSTFRIESISCHE KRÜLLKOKEN

Für 4 Personen

Für die Kuchen

350 g	Weizenmehl (Type 405)
2 TL	Sojamehl
250 g	Kandiszucker
125 g	Margarine + etwas mehr zum Fetten
1 Päckchen	Vanillezucker
½ TL	gemahlener Kardamom (nach Belieben)
½ TL	gemahlene Anissamen (nach Belieben)

Für die Füllung

1 Glas	Schattenmorellen (350 g Abtropfgewicht)
250 g	aufschlagbare Reissahne
1 EL	Rum (nach Belieben)

Außerdem

Hörnchenformer (alternativ mehrere Holzkochlöffel)
Hörnchen-Waffeleisen

PROFI-TIPP:
Dazu passt eine Tasse guter ostfriesischer Tee.

Zubereitung: 45 Minuten + 1 Stunde Ruhezeit

1 Das Mehl und das Sojamehl sieben. In einem Topf 500 ml Wasser aufkochen und den Kandiszucker darin auflösen. In einem zweiten Topf die Margarine zerlassen.

2 In einer Schüssel mit dem Handrührgerät oder in der Küchenmaschine die Margarine cremig rühren. 4 TL Wasser, den Vanillezucker sowie nach Belieben Kardamom und Anis zugeben. Löffelweise abwechselnd das gesiebte Mehl und das Zuckerwasser unterrühren, bis der Teig eine sirupartige Konsistenz hat. Die Schüssel mit einem Küchenhandtuch abdecken und den Teig 1 Stunde ruhen lassen.

3 Den Teig noch einmal sorgfältig durchrühren und das Waffeleisen aufheizen. Den Hörnchenformer oder alternativ die Kochlöffelstiele mit etwas Margarine einfetten. Jeweils 1–2 EL Teig im Waffeleisen ca. 1 Minute zu hauchdünnen Waffeln goldgelb ausbacken. Die Waffeln noch ganz heiß – der Teig wird sonst zu schnell hart – um den Hörnchenformer oder einen Kochlöffelstiel wickeln und hart werden lassen. Auf einem Kuchengitter die Waffeln vollständig auskühlen lassen.

4 In einem Sieb die Schattenmorellen abtropfen lassen. Die Reissahne steif schlagen. Die abgetropften Kirschen sowie nach Belieben Rum untermischen. Die Röllchen oder Hörnchen mit der Kirschsahne füllen und die Waffeln auf Tellern angerichtet servieren.

LÄNDLICHER WINTERAPFELKUCHEN

Für 6 Personen

Für den Kuchen

200 g	Weizenmehl (Type 405) + etwas mehr für die Arbeitsfläche
½ TL	Backpulver
3 EL	Zucker
1 Päckchen	Vanillezucker
1 Prise	Salz
	fein abgeriebene Schale von 1 Bio-Zitrone
125 g	kalte Margarine + etwas mehr zum Fetten der Form
750 g	Äpfel
	frisch gepresster Saft von 1 Zitrone
1 EL	Semmelbrösel zum Ausstreuen der Form

Für die Streusel

150 g	Weizenmehl (Type 405)
6 EL	Zucker
1 TL	gemahlener Zimt
80 g	Margarine

Außerdem

1	Tarteform (Ø 28 cm)
1 Päckchen	getrocknete Hülsenfrüchte (z. B. Erbsen) zum Blindbacken

Zubereitung: 30 Minuten + 1 Stunde Kühlzeit

1 Das Mehl mit dem Backpulver sieben. In einer Schüssel Zucker, Vanillezucker, Salz und Zitronenschale mischen. Margarine in Flöckchen hinzufügen und mit dem Handrührgerät untermischen. Mehl und 60 ml kaltes Wasser in jeweils 2 Portionen dazugeben und alles zügig zu einem homogenen Teig verkneten. Den Teig zu einer Kugel formen, in Frischhaltefolie einwickeln und im Kühlschrank 1 Stunde kalt stellen.

2 In der Zwischenzeit die Äpfel schälen, vierteln, Kerngehäuse entfernen und den Rest in kleine Stücke schneiden. Mit Zitronensaft beträufeln und bis zur weiteren Verwendung kühl stellen. Für die Streusel alle Zutaten zu einem krümeligen Teig verkneten und bis zur weiteren Verwendung kalt stellen.

3 Den Backofen auf 180 °C Umluft vorheizen. Die Tarteform mit Margarine leicht einfetten und mit Semmelbröseln ausstreuen. Den Teig auf der bemehlten Arbeitsfläche kreisrund etwa 7 mm dick (Ø 32 cm) ausrollen. Die Teigplatte in die Form einpassen und an den Rändern ein wenig andrücken. Den Teigboden mit einer Gabel mehrfach einstechen, ein passend zurechtgeschnittenes Stück Backpapier auflegen und dieses mit getrockneten Hülsenfrüchten beschweren. Im heißen Ofen 10 Minuten backen. Herausnehmen und Hülsenfrüchte und Backpapier entfernen.

4 Äpfel auf dem Teigboden verteilen und mit den Zimtstreuseln gleichmäßig bestreuen. Den Kuchen im heißen Backofen auf unterster Schiene 30–40 Minuten backen. Den Apfelkuchen abkühlen lassen und nach Belieben warm oder ausgekühlt servieren. Dazu passt 1 Klecks steif geschlagene Sahne.

BANANEN-SPAGHETTI-EIS MIT HIMBEERSAUCE

Braun gewordene Bananen können nicht nur zu Eis verarbeitet werden – sehr reife Früchte lassen sich zu Smoothies oder mit Haferflocken und Pflanzenmilch zu Powerdrinks mixen.

Für 4 Personen

Für das Eis

4–5	reife Bananen
3	Datteln, entsteint
1 EL	Agavendicksaft
100 g	Hafersahne
1 Päckchen	Vanillezucker
1 Spritzer	frisch gepresster Zitronensaft

Für die Sauce

500 g	Himbeeren (frisch oder TK-Ware)
2 EL	Puderzucker
40 ml	Orangenlikör

Außerdem

2 EL	Kokosflocken
	Kartoffelpresse

Zubereitung: 25 Minuten + 2 Stunden Gefrierzeit

1 Die Bananen schälen, in kleine Stücke schneiden und mindestens 2 Stunden im Tiefkühlfach gefrieren lassen.

2 In der Zwischenzeit für die Sauce in einem Topf die Himbeeren mit dem Puderzucker und 1 Schuss Wasser aufkochen und bei mittlerer Hitze 10 Minuten köcheln lassen. Die Mischung mit dem Stabmixer pürieren, durch ein feinmaschiges Sieb streichen, mit Orangenlikör abschmecken und abkühlen lassen.

3 Die gefrorenen Bananenstücke mit den Datteln, dem Agavendicksaft, der Hafersahne, dem Vanillezucker und dem Zitronensaft in einem leistungsstarken Mixer pürieren.

4 Die Bananenmasse durch die Kartoffelpresse drücken und auf Eisschälchen verteilen. Die Himbeersoße darübergeben und das Bananen-Spaghetti-Eis mit Kokosflocken bestreut servieren.

SONNTAGSHEFEZOPF

Für 6 Personen

1 Würfel	frische Hefe
3–4 EL	Zucker
300 ml	Sojamilch
500 g	Weizenmehl (Type 550) + etwas mehr für die Arbeitsfläche
1 Päckchen	Vanillezucker
	fein abgeriebene Schale von 1 Bio-Zitrone
1 TL	Salz
60 g	weiche Margarine
50 g	Hafersahne
2 EL	Hagelzucker

Zubereitung: 20 Minuten + 2¼ Stunden Gehzeit

1 In einer kleinen Schüssel die zerbröckelte Hefe mit 1 Prise Zucker in 3–4 EL lauwarmer Sojamilch auflösen. Das Mehl in eine große Schüssel sieben und in die Mitte eine Mulde drücken. Die Hefemischung in die Mulde füllen und mit einer Gabel die Flüssigkeit mit ein wenig Mehl von den Seiten bestäuben. Die Schüssel mit einem Küchenhandtuch bedecken und den Vorteig an einem zugfreien, gleichmäßig warmen Ort mindestens 15 Minuten gehen lassen, bis sich kleine Bläschen bilden und die flüssige Masse an Volumen deutlich zunimmt.

2 Den restlichen Zucker, den Vanillezucker, die Zitronenschale und das Salz dazugeben. Die übrige Milch mit der Margarine in einem Topf lauwarm werden lassen und ebenfalls hinzufügen. Mit den Knethaken des Handrührgeräts oder in der Küchenmaschine alle Zutaten zu einem glatten Teig verkneten, der sich vom Schüsselrand leicht lösen lässt. Den Teig erneut bedecken und an einem zugfreien, gleichmäßig warmen Ort mindestens 1 Stunde gehen lassen, bis er sein Volumen verdoppelt hat.

3 Auf der leicht bemehlten Arbeitsfläche den Teig noch einmal kräftig durchkneten, in drei gleich große Stücke teilen und daraus Stränge formen. Die Stränge auf einem mit Backpapier ausgelegten Backblech zu einem Zopf flechten. Den Zopf mit etwas Hafersahne bestreichen, mit einem Küchenhandtuch bedecken und den Teig noch einmal an einem gleichmäßig warmen Ort 1 Stunde gehen lassen.

4 Den Backofen auf 175 °C Umluft vorheizen. Den Zopf noch einmal mit Hafersahne bestreichen und mit Hagelzucker bestreuen. Im heißen Ofen etwa 30 Minuten backen, bis der Zopf sich schön braun gefärbt hat. Auf einem Kuchengitter abkühlen lassen und noch leicht warm servieren. Er schmeckt pur, ist aber auch mit Margarine und selbst gemachter Konfitüre oder Gelee nicht zu verachten!

GRUNDREZEPTE

BÉCHAMELSAUCE Zubereitung: 10 Minuten

1 mittelgroße Zwiebel | 1 Knoblauchzehe | 70 g Margarine | 80 g Weizenmehl (Type 405) | 1 l kalte Pflanzenmilch | frisch geriebene Muskatnuss | Salz, frisch gemahlener schwarzer Pfeffer

Die Zwiebel und den Knoblauch schälen und in feine Würfel schneiden. In einem Topf die Margarine zerlassen und die Zwiebel- und Knoblauchwürfel darin glasig dünsten. Das Mehl einstreuen, zügig unterrühren und anschwitzen. Nach und nach die Pflanzenmilch dazugeben und die Masse unter ständigem Rühren langsam aufkochen lassen. Mit etwas Muskatnuss, Salz und Pfeffer abschmecken. Vor der Weiterverarbeitung die Sauce durch ein feinmaschiges Sieb passieren, um Klümpchen und kleinere Stückchen zu entfernen.

SENFSAUCE In die fertige Béchamelsauce 3–4 TL mittelscharfen Senf oder Dijonsenf einrühren.

WEISSWEINSAUCE In die fertige Béchamelsauce 50 ml veganen trockenen Weißwein einrühren.

RAHMSAUCE Die Béchamelsauce mit etwa 200 g pflanzlicher Sahne verfeinern, ein paar Margarineflocken dazugeben und alles mit dem Stabmixer aufschlagen.

TOMATENSAUCE In die Béchamelsauce 1 Tube Tomatenmark (200 g) einrühren und mit je 1 EL frisch gehacktem Basilikum und getrocknetem Oregano abschmecken.

KÄSESAUCE In die kochende Béchamelsauce 150 g pflanzlichen Reibekäse einrühren und mit 1 Schuss pflanzlicher Sahne verfeinern.

MEERRETTICHSAUCE 1 kleines Stück (20 g) Meerrettich schälen, frisch reiben und unter die Béchamelsauce heben. Mit 1 Prise Zucker und 1 Schuss Weißweinessig verfeinern.

BRAUNE GRUNDSAUCE Zubereitung: 25 Minuten

2 mittelgroße Zwiebeln | 1 Knoblauchzehe | 1 Möhre | 1 kleines Stück (40 g) Knollensellerie | 1 Stange Lauch | 3 EL Pflanzenöl | 50 g Tomatenmark | 40 g Weizenmehl | 50 ml veganer trockener Rotwein | 500 ml kalte Gemüsebrühe | 1 Lorbeerblatt | Salz, frisch gemahlener schwarzer Pfeffer | 100 g Hafersahne

Die Zwiebeln und den Knoblauch schälen und in feine Würfel schneiden. Die Möhre und den Sellerie schälen und mit dem Lauch fein würfeln. In einer Pfanne das Öl erhitzen und die Zwiebel- und Knoblauchwürfel darin bei mittlerer Hitze glasig dünsten. Das Gemüse hinzugeben und unter ständigem Rühren kräftig anrösten. Das Tomatenmark einrühren und karamellisieren lassen. Mit Mehl bestäuben und umrühren. Mit dem Rotwein ablöschen und kurz aufkochen lassen. Nach und nach die Gemüsebrühe angießen. Das Lorbeerblatt hinzufügen und alles bei mittlerer Hitze etwa 15 Minuten köcheln lassen. Mit Salz und Pfeffer abschmecken und das Lorbeerblatt wieder entfernen. Die Sauce kurz aufkochen lassen, vom Herd nehmen und mit dem Stabmixer pürieren. Mit der Hafersahne verfeinern und servieren.

KRÄUTERRAHMSAUCE Nach dem Pürieren die Sauce zusätzlich mit 3 TL frischen, sehr fein gehackten Kräutern nach Wahl (z. B. Majoran, Thymian und/oder Rosmarin) verfeinern.

VEGANE MAYONNAISE Zubereitung: 5 Minuten

100 ml Sojamilch | 3 EL frisch gepresster Zitronensaft | ½ TL Senf | 1 EL Weißweinessig | 1 Msp. gemahlene Kurkuma oder Paprikapulver edelsüß (je nach Geschmack und gewünschter Färbung) | 300 ml Sonnenblumenöl | Salz | frisch gemahlener weißer Pfeffer

Alle Zutaten – bis auf das Öl – in einem hohen Gefäß mit dem Stabmixer auf niedrigster Stufe pürieren. Dabei anfangs tropfenweise, dann in einem dünnen Strahl nach und nach das Öl einfließen lassen, bis die Konsistenz fest wird. Die Mayonnaise mit Salz und Pfeffer abschmecken und bis zum Servieren im Kühlschrank aufbewahren.

COCKTAILSAUCE In die fertige Mayonnaise 2 EL Ketchup und etwas pflanzliche Sahne einrühren.

REMOULADENSAUCE Die fertige Mayonnaise mit 2 EL fein gewürfelter Gewürzgurke, 1 EL gehackten Kapern, 1–2 TL Senf, 2 EL sehr fein gehackter Petersilie, 1 TL sehr fein geschnittenem Estragon und frisch gemahlenem weißem Pfeffer abschmecken.

TATARENSAUCE Unter die Remouladensauce zusätzlich 2 EL gekochte und gehackte Kichererbsen und 2 EL feine Schnittlauchröllchen rühren.

MANDELMILCH

Zubereitung: 5 Minuten + 8 Stunden Einweichzeit

150 g Mandelkerne (Gewicht vor dem Einweichen) | 1 TL Agavendicksaft | ausgekratztes Mark von ½ Vanilleschote | 1 Prise Meersalz

Die Mandeln mindestens 8 Stunden – am besten jedoch über Nacht – in 1 l kaltem Wasser einweichen. Die Kerne in ein Sieb abgießen und zusammen mit den übrigen Zutaten in einem leistungsstarken Mixer mit 1 l frischem Wasser sehr fein pürieren. Ein feines Sieb mit einem Musselintuch auslegen und auf eine ausreichend große Schüssel auflegen. Nach und nach die Mandelmilch hineingießen und die Masse etwa 15 Minuten gut abtropfen lassen. Um auch die restliche Flüssigkeit aus der Mandelmasse zu pressen, das Tuch mit dem zurückgebliebenen Mandelmus sorgfältig ausdrücken.

CASHEWKERN-KRÄUTER-FRISCHKÄSE

Zubereitung: 10 Minuten + 8 Stunden Einweichzeit + 12 Stunden Reifezeit

200 g Cashewkerne | 2 TL frisch gepresster Zitronensaft | 2 EL kalt gepresstes Olivenöl | 1 Schalotte | 1 Knoblauchzehe | 1 Msp. frisch geriebene Muskatnuss | 1 TL Meersalz | 1 TL Schnittlauchröllchen | 1 TL fein gehackte Petersilie + etwas mehr zum Servieren

Die Cashewkerne mindestens 8 Stunden – am besten jedoch über Nacht – in 1 l kaltem Wasser einweichen. Die Kerne in ein Sieb abgießen und im Mixer oder in der Küchenmaschine zusammen mit 100 ml Wasser möglichst fein pürieren – zunächst auf niedrigster, dann auf höchster Stufe. Hin und wieder das Gerät ausschalten, die Masse mit einem langen Löffelstiel durchrühren und an den Seiten anhaftende Stückchen wieder nach unten schieben. Den Zitronensaft und das Öl hinzufügen. Ist die Masse zu fest, etwas mehr Wasser angießen, damit sie sehr fein und ganz cremig wird. Die Creme in eine Schüssel umfüllen und mit Frischhaltefolie abdecken. An einen gleichmäßig warmen Ort (z. B. Heizungsnähe) mindestens 12 Stunden – am besten über Nacht – ruhen beziehungsweise reifen lassen. Die Schalotte und den Knoblauch schälen und in sehr feine Würfel schneiden. Die Frischkäsecreme mit Muskat und Meersalz würzen. Die Schalotten- und Knoblauchwürfel mit den Schnittlauchröllchen und der Petersilie unterheben. Den Cashewkern-Kräuter-Frischkäse in eine saubere Schüssel umfüllen und mit etwas gehackter Petersilie und gehackten Cashewkernen bestreut servieren. Dazu schmeckt beispielsweise eine Scheibe frisch gebackenes Brot.

FRÜHLINGSQUARK

Zubereitung: 10 Minuten + 8 Stunden Abtropfzeit

500 g Sojajoghurt | 50 g Hafersahne (bei Bedarf) | 1 mittelgroße Zwiebel | 1 Knoblauchzehe | 1 TL frisch gepresster Zitronensaft | 1 Prise Zucker | 1 TL Meersalz | ¼ TL frisch gemahlener schwarzer Pfeffer | 1 EL frisch gehackter Dill + einige Spitzen zum Servieren | 1 EL frisch geschnittene Schnittlauchröllchen + einige Röllchen zum Servieren

Ein feines Sieb mit einem Musselintuch auslegen und auf eine ausreichend große Schüssel auflegen. Den Sojajoghurt darin etwa 8 Stunden – am besten über Nacht – abtropfen lassen, bis er die Konsistenz von gewöhnlichem Magerquark erreicht hat. Ist der Frühlingsquark zu fest geworden, die Masse mit etwas Hafersahne glatt rühren. Die Zwiebel und den Knoblauch schälen und in sehr feine Würfel schneiden. Beides mit dem Quark vermischen und mit dem Zitronensaft, Zucker, Salz und Pfeffer abschmecken. Abschließend Dill und Schnittlauch unterheben.

SOUR CREAM Zubereitung: 5 Minuten + 8 Stunden Einweichzeit

150 g Cashewkerne (ungesalzen) | 1 Knoblauchzehe | frisch gepresster Saft von 1½–2 Zitronen | Salz, frisch gemahlener schwarzer Pfeffer

Die Cashewkerne mindestens 8 Stunden – am besten jedoch über Nacht – in ausreichend kaltem Wasser einweichen. Die Kerne in ein Sieb abgießen und im Mixer oder in der Küchenmaschine zusammen mit 125 ml Wasser, dem geschälten Knoblauch und dem Zitronensaft möglichst fein pürieren – zunächst auf niedrigster, dann auf höchster Stufe. Die Konsistenz der Masse soll schön cremig sein. Die Sour Creme mit reichlich Salz und Pfeffer kräftig abschmecken.

100% pflanzlich: Den Frühlingsquark oder die Sour Cream einfach zu einer Scheibe frischem Brot oder als Dip zu Ofenkartoffeln servieren. Mit einem Klecks davon lassen sich auch Suppen und Eintöpfe verfeinern.

NUSS-REIBEKÄSE Zubereitung: 5 Minuten

100 g Cashew-, Erdnuss- oder Mandelkerne (ungesalzen) | 6 EL Hefeflocken | 3 EL Semmelbrösel | 1 TL Salz | frisch gemahlener weißer Pfeffer | je ½ TL Basilikum und Oregano (getrocknet)

Die Nusskerne, die Hefeflocken und die Semmelbrösel im Mixer oder mit dem Blitzhacker zerkleinern. Die Mischung mit Salz und Pfeffer, Basilikum und Oregano pikant abschmecken. In einer Dose mit Schraubdeckel fest verschlossen und trocken sowie dunkel gelagert hält sich der Nuss-Reibekäse mehrere Wochen.

MANDELCREME ZUM ÜBERBACKEN Zubereitung: 2 Minuten

4 EL Mandelmus | ½ TL Steinsalz | ½ TL Knoblauchpulver oder -granulat | je ¼ TL Oregano und Basilikum (getrocknet)

Den Backofen auf 180 °C Umluft vorheizen. Das Mandelmus mit 4 EL Wasser glatt rühren und mit Steinsalz, Knoblauch, Oregano und Basilikum würzen. Die Mandelcreme auf dem Auflaufgericht verteilen und im heißen Ofen auf mittlerer Schiene etwa 15 Minuten überbacken.

KNOBLAUCHSAUCE

1–2 Knoblauchzehen (nach Belieben) | 125 g Sojajoghurt (natur) | 200 g Seidentofu | 2 EL Olivenöl | 1–2 EL Weißweinessig | 1 Spritzer Zitronensaft | ½ TL gemahlener Kreuzkümmel | 1 TL Zucker | Salz, frisch gemahlener schwarzer Pfeffer | 2–3 EL frisch gehackter Dill (nach Belieben)

Knoblauch schälen und in sehr feine Würfel schneiden. Sojajoghurt, Seidentofu, Olivenöl, Weißweinessig und Zitronensaft mit Knoblauchwürfeln, Kreuzkümmel, Zucker, Salz und Pfeffer mit dem Stabmixer cremig rühren. Abschmecken und den Dill untermischen.

SÜSSKARTOFFELCHIPS

500 g Süßkartoffeln | 1 EL Fleur de Sel | ½ TL Paprikapulver edelsüß | ½ TL Currypulver | 1 EL frisch gehackte Petersilie | 750 g Fett (zum Frittieren)

Die Süßkartoffeln mit Schale auf dem Gemüsehobel oder mit dem Sparschäler in feine Scheiben schneiden. Das Salz im Mörser mit dem Paprika- und Currypulver zerreiben und mit und der Petersilie sorgfältig vermischen. In einem weiten Topf das Frittierfett auf 175 °C erhitzen und die Kartoffelscheiben darin portionsweise etwa 3 Minuten frittieren. Mit dem Schaumlöffel herausheben und auf Küchenpapier abtropfen lassen. Noch einmal wiederholen. Die Gewürzmischung mit den zweifach gebackenen, entfetteten, aber noch warmen Kartoffelscheiben in einen großen Frischhaltebeutel füllen, die Öffnung mit einer Hand verschließen und den Beutel kräftig schütteln, damit sich alles gut miteinander vermischt.

GEWÜRZMISCHUNG

1 TL Koriandersamen | 1 TL Kreuzkümmelsamen | 1 TL braune Senfsamen | 1 TL Bockshornkleesamen | ½ TL

schwarze Kardamomsamen | 100 g Fleur de Sel | 2 TL Paprikapulver edelsüß | ½ TL gemahlener Piment | 1 TL frisch gemahlener schwarzer Pfeffer | 2 TL Knoblauchgranulat | ½ TL geriebene Muskatnuss

In einer beschichteten Pfanne ohne Fett Koriander-, Kreuzkümmel-, Senf-, Bockshornklee- und Kardamomsamen bei mittlerer Hitze anrösten, bis sie zu duften beginnen und die Senfsamen nicht mehr springen. Die Gewürze in eine Schüssel umfüllen und abkühlen lassen, dann im Mörser mit den restlichen Zutaten für die Gewürzmischung fein zerreiben.

FILOTEIG-FLADEN

250 g Weizenmehl (Type 405) | 100 g Speisestärke | 2 EL Pflanzenöl + mehr für die Pfanne | 1 Prise Salz

Alle Zutaten in einer Schüssel mit 200 ml Wasser kräftig durchkneten und den Filoteig dann in vier gleich große Stücke teilen. Auf der bemehlten Arbeitsfläche jedes Teigstück mit dem Nudelholz 3 mm dünn ausrollen. Eine beschichtete Pfanne mit dem restlichen Öl einpinseln und die Fladenbrote darin bei mittlerer Hitze von jeder Seite etwa 1 Minute anbraten.

PITABROT Ergibt 6–8 Brote | Zubereitung: 30 Minuten + 1 ½ Stunden Gehzeit

1 Päckchen (7 g) Trockenhefe | 1 Prise Zucker | 500 g Weizenmehl (Type 405) + etwas mehr zum Bestäuben | 1 ½ TL Salz | 5 EL Olivenöl | 2 EL Sojamilch zum Bestreichen | 1–2 EL Sesam-, Schwarzkümmel-, Kreuzkümmel- oder Mohnsamen (nach Belieben)

In einer kleinen Schüssel die Trockenhefe mit dem Zucker in 3 EL warmem Wasser auflösen und 10 Minuten ruhen lassen, bis die Masse schäumt. Das Mehl mit dem Salz in eine Schüssel sieben und in die Mitte eine Mulde drücken. Die Hefemischung mit dem Olivenöl und 250–275 ml lauwarmem Wasser hineingeben und alle Zutaten kräftig zu einem homogenen, glatten Teig verkneten – am Anfang wird er etwas klebrig sein, das ändert sich während des Knetens. Den Teig zu einer Kugel formen, in die Schüssel legen und mit einem sauberen Küchenhandtuch abgedeckt an einem zugfreien, gleichmäßig warmen Ort mindestens 1 Stunde gehen lassen, bis sich die Teigmenge verdoppelt hat. Den Backofen auf 200 °C (Umluft) vorheizen. Ein feuerfestes Gefäß mit Wasser füllen und auf dem Boden des Ofens platzieren. Der entstehende Dampf sorgt dafür, dass die Kruste schön knusprig wird. Ein Backblech mit Backpapier auslegen. Den Teig mit etwas Mehl bestäuben und noch einmal kurz, aber kräftig durchkneten. Den Teig in 6 gleich große Stücke teilen und jedes auf der Arbeitsfläche mit der Hand zu kleinen runden Fladen formen. Die Fladen mit etwas Abstand zueinander auf dem Backblech verteilen, mit einem Küchentuch bedecken und weitere 15 Minuten gehen lassen. Das Brot mit der Sojamilch bepinseln und nach Belieben mit den Samen bestreuen. Die Fladen im heißen Ofen etwa 15 Minuten backen, bis sie aufgegangen und schön gebräunt sind.

BBQ-SAUCE À LA JÉRÔME ECKMEIER Zubereitung: 2 Stunden

500 ml Cola (kein Light-Produkt) | 100 g Zuckerrübensirup | 500 ml Orangensaft | 1 kg Tomaten, enthäutet | 1 EL Koriandersamen | 1 EL Pfefferkörner | 1 EL Senfsaat | 1 EL Kümmelsamen | 2 EL Paprikapulver (edelsüß) | 1 EL vegane Worcestersauce | 1 EL Tabasco | frisch gepresster Saft von 1 Limette | 1 Prise Salz | 2 EL Tomatenmark

In einem Topf die Cola und den Rübensirup bei mittlerer Hitze einkochen, bis eine sirupartige Konsistenz entsteht. Dabei immer wieder rühren und den Zuckerrand von den Topfinnenseiten lösen. Den Orangensaft angießen und das Ganze erneut unter regelmäßigem Rühren einkochen, bis wieder eine sirupartige Konsistenz entsteht. Die Tomaten hinzugeben und einkochen, bis die Sauce von selbst andickt. In einer beschichteten Pfanne ohne Fett Koriander, Pfeffer, Senfsaat, Kümmel und Paprikapulver kurz anrösten, bis die Gewürze zu duften beginnen. Zur Sauce dazugeben und diese zusätzlich mit Worcestersauce, Tabasco, Limettensaft und Salz abschmecken und mit 2 EL Tomatenmark etwas andicken. Ist eine schöne Konsistenz erreicht, die Sauce durch ein Spitzsieb gießen und anschließend durch ein feines Haarsieb streichen. Nach dem Passieren die Sauce ein letztes Mal aufkochen.

PROFI-TIPP ZUR GRILLSAUCE:

Diese Sauce ist eine Grundsauce. Mit Agavendicksaft verfeinert, passt sie hervorragend zu Gegrilltem. Mit Mayonnaise vermischt eignet sie sich für Burger.

VEGAN GRILLEN

LECKERES AUF DEM ROST

Im gut sortierten Supermarkt, im Bioladen und im veganen Versandhandel finden Sie köstliche Fleischersatzprodukte in großer Vielfalt, wie saftige Soja-Grillsteaks, vegane BBQ-Ente und Hähnchenschlegel, Tofu-Wiener oder Seitan-Bratwürste (siehe »Einkaufstipps«). Vegane Riesengarnelen und Scampis auf Yamswurzelbasis eignen sich als Fingerfood für zwischendurch. Für die Liebhaber der feurigen Küche empfehlen sich pflanzliche Pfeffersteaks, krosser Räucherspeck und natürlich die BBQ-Soße à la Jérôme Eckmeier (s. S. 185).

Wer nicht auf Fertig-Ersatzprodukte zurückgreifen möchte, findet als Rezepte im Buch Gyros (s. S. 66), Gemüsekebab (s. S. 134) und vegane Patties beim Kichererbsenburger und Hot Chiliburger (s. S. 68 und 146), die sich ebenfalls auf dem Grill zubereiten lassen. Geben Sie in den Teig für die Bratlinge ein wenig mehr Öl, sodass sie auf dem Grill nicht zu trocken werden.

Für vegane Grillspieße schneiden Sie knackiges Gemüse wie Paprika und Zucchini in mundgerechte Stücke und stecken Sie sie abwechselnd mit Tofu- oder Seitanwürfeln auf Spieße. Die Holzspieße in kaltem Wasser einlegen, damit sie nicht verbrennen. Beträufeln Sie die aufgesteckten Spieße vor dem Grillen mit Pflanzenöl und würzen Sie nach Belieben. Kinder kommen mit leckeren goldgelben Maiskolben mit Kräutermargarine auf ihre Kosten. Paprika lässt sich zudem hervorragend mit Polenta oder Quinoasalat füllen und kann in Alufolie auf dem Grill gegart werden, ebenso wie gefüllte Tomaten und Pilze. Auch Ofenkartoffeln lassen sich in Alufolie direkt im Feuer fertig garen. Vegane Sour Cream und pfiffige Dips finden Sie unter »Grundrezepte«. Wenn Sie Gemüse grillen, können Sie mit Kräutern wie Rosmarin, Oregano, Kerbel, Wacholder, Thymian und Estragon würzen und marinieren. Achten Sie darauf, für die Marinade nur Öle zu verwenden, die erst bei hohen Temperaturen verbrennen – wie Oliven-, Erdnuss-, Sesam- und Walnussöl.

Als Beilagen für die gegrillten Speisen eignen sich: Couscous to go mit Gemüse (s. S. 18), Waldorfsalat (s. S. 36), Bulgursalat mit Tomaten und Rucola (s. S. 80) und Feldsalat mit Räuchertofustreifen (s. S. 124). Damit können Sie auch bei Fleischessern punkten. Bereiten Sie lieber gleich ein paar Portionen mehr zu!

Schnell und einfach zuzubereiten sind Ananas-Ringe (mit Zimt und Zucker bestreuen), Austernpilze (mit Öl, Salz, Pfeffer und Kräutern bestreichen und servieren wie ein Veggie-Burger), Süßkartoffeln in Alufolie (mit Ahornsirup für zusätzliche Süße), Spargel (vor dem Grillen für mindestens 30 Minuten in Wasser einweichen), Äpfel (Scheiben mit Zimt und braunem Zucker bestreuen).

GRILLTIPPS FÜR TOFU

Marinieren Sie den Tofu in Ihrer Lieblings-Marinade, Barbecue-Sauce, Knoblauchmarinade mit Essig, Öl und Kräutern der Provence oder in einfacher Sojasauce mit einem Hauch Zitrone, Ingwer oder Curry für mindestens 30 Minuten oder über Nacht im Kühlschrank (in einem Gefrierbeutel). Etwas Zuckeranteil in der Marinade trägt dazu bei, dass das Tofu-Grillgut schön braun und sehr knusprig wird, da der Zucker karamellisiert.

Tofu dazu neigt dazu, am Grill anzuhaften, daher den Rost mit Öl einreiben. Damit keine Flüssigkeit in die Glut tropft, sollte marinierter Tofu mit Küchenkrepp etwas trockengetupft werden oder in Grillschalen auf den Rost kommen.

VEGANE BASICS

Das gehört in den Vorratsschrank:

ÖLE UND FETTE

Olivenöl, Sonnenblumenöl, Erdnussöl, Rapsöl, vegane Margarine und Kokosfett. Wenn Sie asiatische Wok-Gerichte mögen, probieren Sie das schmackhafte Sesamöl.

GETREIDE, HÜLSENFRÜCHTE & CO.

Weizenmehl, Dinkelmehl, Sojamehl, Speisestärke, Polentagries, Quinoa, Couscous, Bulgur, Hirse, Linsen, Bohnen, Kichererbsen, Reis, Nudeln, Haferflocken, Mandeln, Nüsse, Sesam.
Falls Sie unter einer Glutenunverträglichkeit leiden, ersetzen Sie glutenhaltige Getreide wie Weizen, Dinkel, Hafer, Roggen und Gerste durch glutenfreie Sorten wie Mais, Reis, Hirse, Quinoa, Amaranth und Buchweizen. Couscous lässt sich auch aus Hirse zubereiten, Bulgur wird durch Buchweizen ersetzt.

PFLANZENMILCHPRODUKTE

Nuss- oder Mandelmilch (s. S. 183), Sojamilch, Reismilch, Hafermilch, Dinkelmilch nach Geschmack sowie Dinkel-, Hafer-, Reis-, Sojasahne nach Geschmack.
Den Pflanzenmilchprodukten aus dem Supermarkt sind meist Vitamine zugesetzt. Anders bei Bio-Produkten. Wenn Sie Pflanzenmilch in Bio-Qualität einkaufen, sorgen Sie zusätzlich für eine ausreichende Zufuhr insbesondere an Calcium, Vitamin B12 und Eisen.

KÄSE

Veganer Käse, Hefeflocken für Nuss-Reibekäse (siehe »Grundrezepte«)

TOFU & CO.

Soja-Granulat, Tofu, Weizengluten, Lupinen, evtl. Veggie-Wurst. Bei einer Soja-Unverträglichkeit ersetzen Sie Tofu, Tempeh und Sojafleisch durch Seitan, Lupinen, Bohnen, Kichererbsen und Grünkern.

VEGETARISCHER BROTAUFSTRICH

Tahini (Sesammus, auch als Würzmittel geeignet), Nuss- und Mandelmus (siehe »Grundrezepte«), vegane Brotaufstriche auf Nährhefe- und Sojabasis und/oder auf Sonnenblumenöl-Basis

EIER

Ei-Ersatzpulver aus dem Reformhaus oder veganen Versandhandel. Für Pfannkuchen: Backpulver und Mineralwasser mit Kohlensäure (s. S. 130).

SÜSSUNGSMITTEL

Rohrohrzucker, Agavendicksaft, Zuckerrübensirup, Vanillezucker.

WÜRZMITTEL & CO.

Hefeflocken, Trockenhefe, Gemüsebrühe, Backpulver, Essig, Salz, Steinsalz, Rauchsalz oder Flüssigrauch, Pfeffer aus der Mühle, verschiedene Gewürze, Tahini (Sesammus), Wasabi-Paste, Pizzatomaten, passierte Tomaten, Tomatenmark, Braunalgenpulver, Noriblätter, Vanilleschoten

FÜR DIE SCHNELLE KÜCHE

TK-Blätterteig

EINFACH VEGANISIERT

Eigene Lieblingsrezepte lassen sich anhand der folgenden Liste ganz einfach vegan zubereiten.

MILCH

Mandelmilch (siehe »Grundrezepte«), Nussmilch, Sojamilch, Reismilch, Hafermilch, Dinkelmilch

JOGHURT & CO.

Joghurt: Soja- oder Reisjoghurt
Quark: Sojajoghurt + Hafersahne + Zitronensaft (s. S. 183); veganer Quark auf Sojabasis
Frühlingsquark: Sojajoghurt + Hafersahne (siehe »Grundrezepte«)
Vegane Sour Cream: Hafersahne + Zitronensaft (siehe »Grundrezepte«); vegane Sour Cream auf Sojabasis
Zaziki: Sojajoghurt oder Seidentofu (s. S. 67)

MAYONNAISE

Sojamilch + Sonnenblumenöl (siehe »Grundrezepte«); vegane Mayonnaise (Fertigprodukt)

KÄSE

Aufs Brot: Frischkäse auf Cashew-Basis (siehe »Grundrezepte«), Streichkäse oder Käseaufschnitt; Reis-Käse

Parmesan: Nuss-Reibekäse (siehe »Grundrezepte«); Hefeflocken
Zum Überbacken: Hefeschmelz (siehe »Grundrezepte«); Mandelcreme (siehe »Grundrezepte«); veganer Reibekäse
Fondue-Käse: Hefeflocken + Speisestärke + Mandelmus + Gemüsebrühe + Rapsöl (s. S. 122)

EIER

Für Rührei: Ei-Ersatz auf Hefebasis, Steinsalz
Zum Backen: Ei-Ersatz auf Sojamehl-Basis
Als Bindemittel: Ei-Ersatz auf Sojamehl-Basis; Seidentofu
Pfannkuchen, Waffeln: Backpulver + Mineralwasser (s. S. 130, 155)
In Brownies, Muffins & Co.: Backpulver + Rapsöl

SAHNE UND BUTTER

Dinkelsahne, Reissahne, Hafersahne, Sojasahne
Pflanzenmargarine, zum Backen auch Pflanzenöl, z. B. Rapsöl

FLEISCH UND FISCH

Veggie-Ersatzprodukte für Fleisch und Fisch gibt es im Handel in großer Auswahl, von veganem Bacon über Tofu-Würstchen bis zu Soja-Hähnchennuggets. Vegane Produkte können je nach Hersteller in Geschmack und Konsistenz erheblich variieren. Hier die im Buch verwendeten Alternativen:

Rinderbrühe: Gemüsebrühe (Fertigprodukt)
Klopse, Hackbraten: Weizengluten-Pulver + Räuchertofu (s. S. 51, 58)
Geschnetzeltes, Gulasch, Gyros: Soja-Geschnetzeltes + Gemüsebrühe (s. S. 61, 62, 67)
Speck: Räuchertofu
Burger: Soja-Granulat + Gemüsebrühe; Grünkernschrot; Kichererbsen; Kidneybohnen + Mais (»Chiliburger« s. S. 146)
Patties, (Kichererbsen-)Schnitzel: Kichererbsen (s. S. 68, 137)
Bolognese: Grünkern + Gemüsebrühe; Soja-Granulat + Gemüsebrühe
Braten: Seitanbraten + Marinade (siehe »Rheinischer Sauerbraten« Seite 142)
Thunfisch: Braunalgenpulver für den Meeresgeschmack (siehe »Vegan Tuna-Sandwich« Seite 20)

SAUCEN

Béchamelsauce: Pflanzenmilch + Margarine (siehe »Grundrezepte«); Fertigprodukt aus dem Bioladen oder Reformhaus
Käsesauce: Pflanzenmilch + Margarine + pflanzlicher Reibekäse (siehe »Grundrezepte«)

HONIG

Rohrohrzucker, Agavendicksaft, Zuckerrübensirup

TIERISCHE NEBENPRODUKTE

Gelatine: Sahnesteif, Agar-Agar, Pektin, Johannisbrotkernmehl, Carrageen
Lebensmittelfarbstoff: natürliche Farbstoffe aus Rote Bete, Spinat, Heidelbeeren

EINKAUFSTIPPS

Vegane Nahrungsmittel erhalten Sie im gut sortierten Supermarkt, im Bioladen, im Reformhaus, im veganen Versandhandel und im Asia-Laden. Die Auswahl an veganen Produkten wird von Monat zu Monat größer. Im Folgenden eine Auswahl an Adressen:

Veganer Internet-Versandhandel
www.vantastic-foods.com/de
www.alles-vegetarisch.de
www.vegan-total.de
www.veganz.de
www.veganic.de
www.veganpower.at
www.radixversand.de

Vegane Weine verzichten auf tierische »Hilfsmittel« und sind im Bioladen, im Versandhandel, aber auch im Supermarkt erhältlich.
Vegane Weine gibt es außerdem z. B. bei:
www.weingut-neumer.de/veganer-wein.html
www.delinat.com/de/suche.html?srhList=vegane-weine

Allgemeine Informationen
www.vebu.de
www.vegane-beratung.com
www.peta2.de/web/ernaehrung.1229.html
www.peta.de/web/shoppingguide.1780.html
www.fragdenveggie.de

REGISTER

Ich würde gerne meiner Frau Melanie (für ihre unendliche Geduld mit mir), unseren Kindern Lisa Marie, Anna Sophie, Fenja Zoe, Paula Charlotte und Lotta Fee, meinen Eltern Rainer und Monika, Franz und Traute, Marius und Frauke, Familie Keller, Maik und Linda, Gabi und Helle, Dr. Norbert Knitsch vom TAG Theater Rhauderfehn, Susanne und Anna, Dagmar, dem Eckmeier-Clan aus dem Kohlenpott, unserem Veganen Stammtisch Ostfriesland, den Mädels und Jungs vom Budo Nüttermoor, meinem Sensei Hartwig Tomic, Markus von Little Harbour Tattoo, dem VEBU, Bernd Drosihn von tofutown.com, Sebastian Bete von der OZ, Andreas Schneider, Familie Neumann, Thomas Huhn und dem Team der VHS Leer, Vegetarisch Fit, dem Team von Kochen ohne Knochen, cinemadirekt Berlin, Keimling, der Albert Schweitzer Stiftung, der Stadt Leer, Jan Bredack und seiner Familie, dem Team vom Veganz – Wir lieben Leben, dem Team vom Dorling Kindersley Verlag für die tolle Zusammenarbeit und allen Menschen und Rock'n' Rollern, die mich in meiner Arbeit unterstützen – ohne euch (ich liebe euch alle! ;-)) wäre dieses Buch wohl nie entstanden – danken!

Jérôme Eckmeier, Jahrgang 73, ist staatlich geprüfter Lebensmitteltechniker, gelernter Koch und studierter Sozialpädagoge. Er arbeitete in renommierten Restaurants in ganz Europa. Seit 2009 lebt und kocht der fünffache Familienvater vegan. Als VEBU-Chefkoch präsentierte er zahlreiche Kochshows auf Messen und Großveranstaltungen. Deutschlandweit gibt Jérôme Eckmeier Kochkurse für Kinder und Erwachsene und unterstützt im Rahmen des VEBU-Projektes GV-nachhaltig Großküchen bei der Einführung von rein pflanzlichen Angeboten. Mit seinem Rezeptblog http://Jérômeeckmeier.blogspot.de und seiner Rock'n' Roll Veganer Kochshow begeistert er eine ständig wachsende Fan-Gemeinde im Web.

London, New York, Melbourne, München und Delhi

MIX
Papier aus verantwortungsvollen Quellen
FSC® C004592

Bibliografische Information der Deutschen Bibliothek
Die Deutsche Bibliothek verzeichnet diese Publikation in der Deutschen Nationalbibliografie; detaillierte bibliografische Daten sind im Internet über **http://dnb.ddb.de** abrufbar.

Rezepte Jérôme Eckmeier
Rezeptbearbeitung Ulrike Kraus, Köln
Fotografie Brigitte Sporrer, München
Foodstyling Julia Skowronek, München
Foto S. 7 Daniel Heinzelmann
Texte Angela Kuepper, München
Redaktion Ulrike Kraus, Köln
Cover- und Innengestaltung, Typografie, Illustration, Realisation Silke Klemt, Fürth
Fontdesign Titel/Kapitelüberschrift Ernesto Kofla
Repro Medienservice Farbsatz, Neuried/München

Für den Dorling Kindersley Verlag
Programmleitung Monika Schlitzer
Projektbetreuung Gabriele Kalmbach
Herstellungsleitung Dorothee Whittaker
Herstellungskoordination Claudia Rode
Herstellung Anna Ponton

ISBN 978-3-8310-2449-0

Besuchen Sie uns im Internet
www.dorlingkindersley.de